前　言

如果你一生都没有身陷过棘手的僵局或者恶意的冲突中，你就可以将自己视作凤毛麟角的幸运儿。但是如果你像大多数人一样，遇到了看起来几乎无法拿下的谈判，你就会苦苦纠结于这些难题：你如何化解一个没人愿意让步的局面？如果你无钱无势，是否有把握赢得一场谈判？如果你在谈判中的善意举动没人领情，该怎么办？你如何对付那些咄咄逼人、丧失节操或者根本就没有谈判诚意的家伙？你如何解决僵持不下或者不断升级的冲突？

多年来，我与成千上万的业主、高管和经理打交道。我为高风险谈判、陷入死局的交易、外交僵局和旷日持久的冲突进行过咨询。而且我也给许许多多的人提供过建议，他们在工作或者日常生活中都遇到过富有挑战或者难以应付的事或人。这些环境下的人所问的同一个问题是他们如何学会在毫无希望的情况下通过谈判绝地逢生。尽管林林总总的书中都对此类话题有独到见解，但真让我推荐一本对极具挑战性的情形有立竿见影功效的书，还真是犯难。我尚未找到一本书能分享我的信念，即貌似最棘手的谈判问题都有潜在的解决方案。

这就是为什么我写就此书。我们要承认一个事实，尽管研究谈判的我们大量著书立说，提出了很多极为有用的观点，但我们还是忽视了很多一直挥之不去且非常重要的问题。这本书就是要为这些问题提供答案。

本书的课程通过真实的故事呈现出来，故事中的人物都在金钱和精力有限的情况下，通过谈判，化腐朽为神奇。书中每一章都讲述了不同的故事——来自历史、商界、外交、体育或者大众文化——每一个故事都引发一系列的真知灼见和处事原则。此外，我还尽我所能地补充更多的例子，阐明这些例子如何应用于其他领域，让你不论是跟雇主还是配偶、战略伙伴、孩子、潜在客户或恐怖组织谈判都得心应手。我也毫不怀疑你——读者——一定能发现更多更适合自己的应用方案。

我希望本书的所有课程将助你在所有谈判中都能化解冲突、打破僵局和取得更加好的效果，不论简单的还是复杂的谈判，也不论是平淡无奇的还是貌似无不可谈的谈判。

目录

第二部分
流程之力

第三部分
同理心之力

引言
最古老的和平谈判课

史上最古老的和平条约当属《银板和约》（*Treaty of Kadesh*）[1]，早在公元前13世纪末，距今大约3000多年前，由埃及和赫梯帝国谈判达成。当时哪一方也不愿再增加战争成本，而且各方还殚精竭虑地提防与其他邻邦随时爆发的冲突，因此，法老拉美西斯二世（Rameses II）和国王哈图西里三世（King Hattusili III）通过谈判，终止了纷争。当时这一举动可谓困难重重，不仅因为其中牵扯的事务纷繁复杂，而且通常哪一方也不想先迈出第一步。议和的一方往往被看作俯首示弱，而并不被视为举止明智或者虚怀若谷，所以任何领袖都不愿冒天下之大不韪发出这样的信号。尽管这份条约起草于数千年前，但是已经具备了现代协议的特征，比如包括终止冲突、遣返难民、交换战俘等条款，以及任何一方受到他国进攻时的互助条约。[2]

还有另一个特征使得这个条约与我们现如今通常见到的文书——不论是和平条约还是商业协议——具有相似之处，甚至与解决从国际

1.《银板和约》是公元前1284年前后，赫梯国王哈图西里三世与埃及法老拉美西斯二世为中止战争而缔结的和平条约。穆瓦塔尔把写在银板上的和议草案寄送埃及。这一合约结束了卡迭什战役，维持了两国之间长久的和平。——译者注

2. 史载最古老的仲裁记录是由国王麦西里姆（King Mesilim）谈判达成的协议，这项协议解决了拉格什（Lagash）城邦和乌玛（Umma）城邦之间的冲突，当时两个城邦位于美索不达米亚的苏美尔地区（今伊拉克），这份协议的签署之日，可追溯到四千多年前，也就是公元前2500年。

纷争到夫妻矛盾的成功举措也都有异曲同工之妙。这个特征在《银板和约》中非常明显，只是因为这份文件有两种语言版本：象形文字（埃及语译本）和阿卡德语（赫梯语译本）。通过对比两个译本，不出所料，内容非常相似，但是，又至少存在一个重要区别。埃及语译本声明是赫梯人主动议和的，而赫梯语译本的表述则恰恰相反。[1]

当涉及达成协议、外交以及解决争端等问题时，你所考察的是何种文化，你所调研的是何种谈判都不重要。人们为什么发生战争，或者为什么选择求同存异也并不重要。有些事情从未改变：各方宣布胜利的需求亘古长存。

《银板和约》也揭示了关于谈判和调停的一个更基本的洞见——这也奠定了本书的基础：

即使看起来无法突破的僵局和冲突都能解决，只要我们抛却一个固有假设，即调解手段的唯一来源是金钱和精力。

当你要应对似乎毫无希望的情形时，把这一点牢记在心尤为重要。当你提供的最慷慨的条件遭到断然拒绝，当你出于好意解决问题的尝试付诸东流，当你无计可施，无法推行一个解决方案时，你需要“他山之石”——其他的调解手段。本书将提供这个方法，并揭示其他调解手段的来源。

1. 详情见：克里斯 · 比尔，《和平之法：和平条约和和平之法》，牛津：牛津大学出版社，2008，第81页。

◎三种方式变“不可谈”为“可谈”

有些谈判轻而易举，有些则困难重重，还有些情形似乎根本就无谈判的可能。当你势单力薄没有太多选择时就会出现这些情形，这时往往冲突升级，僵局恶化，无人做出让步。在这些情形下，人们的行为方式也非常不理性——或者更糟糕，还会带有明显的敌意。这些问题没有先例可循，甚至丰富的谈判经验也无济于事。

但是，这些情况如果处理得巧妙，也往往会成为充满传奇色彩的案例。

本书正是关乎这些不同寻常的谈判：看起来毫无希望的死局和邪恶的争端，直到有人能打破常规，找到金钱和精力之外的方法，出奇制胜。我们能够从这些故事中以及书写这些故事的人身上学到什么呢?

任何处理过僵局或冲突的人都会证明，最棘手的情形是你善意的谈判尝试均告失败，而你又没有足够的资源和力量进行有效的讨价还价。人们失去希望，认为谈判无望时往往是他们已经竭尽全力——他们的金钱和精力都所剩无几。但是，如果你还有能撬动谈判的杠杆可以利用，又会是怎样一番情景呢?

在本书中，我们将重点介绍三个关键杠杆，它们常常被谈判者忽视、低估或者处理失当，尤其是他们习惯于把金钱和精力误认为是实力。这三个关键杠杆是：

架构之力

流程之力

同理心之力

当我为成千上万的商界管理者或者公司老板提供教学和咨询服务工作时，我听到了数不胜数的谈判高手排除万难拿下谈判的传奇故事。在我为那些与恐怖分子和武装叛军谈判的政府官员和政策制定者工作时，也无数次耳濡目染了绝望的感觉，而陷入“不可谈”境地时就会产生这种感觉。甚至在我观察每天的日常冲突时，也能看到人们苦苦挣扎着管理敌对人群、解决困难问题、处理棘手事件。在所有这些情况下，人们时常把一个坏情形变得雪上加霜，或者把一个难题变得完全无解，因为他们把所有希望都押在金钱和精力之上，而不懂得欣赏架构之力、流程之力和同理心之力。

我们要与应对棘手的商务、政策、外交和日常冲突的人们分享哪些见解？他们要从世界历史上最痛心的核计划边缘政策案例中吸取什么样的教训？他们要如何模仿一个名不见经传的小伙子，在上一个千禧年中成功主导了一系列重要会议？他们能从迄今为止最古老的和平条约文本中吸收什么？我们遇到过将高达几十亿美元代价的体育冲突化险为夷的案例，也见过使其演变为灾难的情形，将两者进行对比之后，他们又能收获什么原则？不需要耗尽精力或者大把砸钱就能解决高风险的商业争端和僵局，从这样的大量案例中他们又能借鉴什么策略呢？

本书的写作初衷非常简单：希望人们从这些变“不可谈”为“可

谈”的情形中能学到很多。首先，这些故事本身非常有趣，无论是来自历史、外交、商界、体育还是大众文化，读者都可以从当下或者久远的时代、场合中获得启示。其次，这些故事也为那些正在应对各自的冲突和僵局的人提供了鲜活的教材，不论他们的境况是毫无希望还是稀松平常。整本书中我还给出了大量例子，列举了适用于不同领域的情况，不论是求职应聘、洽谈生意、人际关系、跟孩子谈话还是跟恐怖分子周旋。最后，如果我们对本书剥丝抽茧，去掉修饰，打破框架，深入内核，就会发现，这本书其实关乎我们人类自身身处艰难境地时，如何千方百计与他人和平相处。我希望，本书能“润物细无声”地播撒一份乐观情怀，提供另一个视角，让读者能够开始欣赏有时令人费解，偶尔失望甚至绝望，但又常常鼓舞人心的我们常说的人性。

◎重新思考“谈判”

在继续展开内容之前，我将给出谈判在本书中的定义。在我的经验中，人们可能会非常狭义地理解什么是谈判，它包含什么以及何时会涉及谈判，然而，我却从尽可能广义的角度上使用这个词。当人们听到“谈判”这个字眼，往往会将其等同于讨价还价或者争执不下，或者想象西装革履的人们正在敲定一桩买卖，更有甚者，认为这是一项挥之不去或者令人不悦的任务，应该尽可能避免。其实，如果我们换一个角度思考，将受益无穷。

在给价值几十亿美元的谈判进行过咨询后，我可以充满自信地说谈判跟钱无关。在为面临濒于崩溃的谈判进程的国家元首提供咨询后，我可以告诉你谈判也并不仅仅关乎丧失或者挽救生命。在为求职面试、家庭纠纷、战略伙伴关系和停火谈判提供咨询后，我可以向你保证，谈判并不是关于职业轨迹、管理情绪、协同互惠或者停止射击。

简言之，谈判并不是单向的。谈判，不论处于何种情境，亦不论关乎何种事件，在根本上都是人际的互动。不论事件如何简单或者芜杂，不论谈判各方是善意还是恶意，不论挑战是熟知的还是前所未有的，我们在谈判中要回答的问题无外乎是：我们应该怎样跟人类打交道，从而能增进相互理解，进而达成协议？这些协议是否是书面的，是否是合同或者条约，条约的执行是否会增进信任、重建善意、带来新的激励措施、加强协作或者仅仅是带来握手言和的希望，这些都不重要。相互理解是个人之间的，还是组织之间的，是民族之间的，还是国家之间的，这些也不重要。谈判，从根本上说，永远是人类间的互动。有时，这些互动很容易，而有时又会非常艰难。然而，这本书中更让我们感兴趣的是，那些看上去根本谈不下来的谈判。

因此，谈判是持有不同利益或者观点的两方或者多方试图达成协议的过程。在极端困难的情形下帮助我们实现目的的原则、战略和策略是本书的重点。

◎僵局和激烈冲突

本书囊括了不同情境下的林林总总的故事[1]。在选取例子时，我侧重于人们普遍承认的日常生活中遇到的问题：僵局和激烈冲突。僵局是一种人们提出不相容的要求，而任何一方都不会做出让步的情形。冲突是一种人们持有相抵触的利益或相左的观点的情形。激烈冲突是指那些人面对强大的拦路虎而难于达成协议的情况，例如，不信任、仇恨或者敌对的历史遗留问题。在整本书中，我们在讲述管理各种冲突的章节时会引用相关的例子。

◎本书是如何架构的

本书的所有故事和课程分为三个部分，每一部分强调和探讨三个杠杆中的其中一个：架构、流程和同理心。这些杠杆中的哪一个是解决你的问题的关键——或者，你是否需要用到多个杠杆——将取决于面对的情形。单独每一个杠杆都非常有效，三个合起来将为超越极限拿下谈判提供全方位的方法。

第一部分聚焦于架构的惊人潜力。谈判高手深知，你的讲话方式或者提议的架构和你提议的内容同等重要。

第二部分聚焦于流程对结果的决定性作用。巧妙机敏地把握谈判

1. 毫无疑问，有些案例的实际情况远比我在书中所写的要复杂得多：可能现实中有更多的谈判方，更多的力量介入其中，而且谈判中的问题也更加繁杂。但是我尝试着将这些案例和解决方案梳理出来，是为了说明在谈判中，其实有很多翻译策略的作用不可小觑，而且可以广泛地应用到实际之中。尽管如此，有些方案还是会出现过犹不及的情况。

流程比纠结谈判实质内容更加重要。

第三部分聚焦于同理心的强大威力。心平气和并讲究章法地理解相关各方的真正利益和观点将有助于解决最激烈的冲突。[1]

当然，并不是人际互动中的所有问题都能快速而轻易地解决。许多最棘手的冲突需要付出巨大努力、战略性地坚持不懈以及适宜的时机。当然，很多时候最需要的还是另辟蹊径：控制谈判框架的能力、规约流程以及发掘别人无法看到的可能性。

所以，我希望你们喜欢这些故事。我也希望你们会觉得这些课程有价值。同时，我还希望本书能鼓励你们将人际互动中的每一个问题看作一个机会，从而能够更好地理解问题，达成更佳的协议。

1. 现实可不会自己默认分类，典型的事例中会有各种各样的经验教训，经验丰富的谈判者可以做好多事情。有些事例极易同多个部分匹配。我将我所收集的事例和经验分为三个部分来叙述，以便产生整体大于各部分之和的效果。

第一部分
架构之力

是的，我口袋里有玄机，我袖子里藏着东西。但是，我跟舞台魔术师相反。他让你对看起来真实的东西产生错觉。我则去除错觉的美丽伪装，为你呈现真实。

汤姆·温菲尔德（TOM WINGFIELD）

出自田纳西·威廉斯的《玻璃动物园》

第一章
架构之力

美国国家橄榄球联盟（NFL）中的谈判

“你们要想出一些新主意。你们都是各说各话，而不是相互沟通。”[1]这是负责调停美国国家橄榄球联盟（NFL）队员与雇主之间升级的矛盾冲突的美国地方法官阿瑟·博伊兰（Arthur Boylan）一番大为光火的话。当时是2011年5月，球队雇主已将球员们拒之门外。双方都想借助法律的力量获得主动，因此双方对簿公堂。最终如果协议无法达成，下个赛季情况堪忧。这并不仅仅是理论上的可能性：2005年，雇主和球员之间旷日持久的纷争曾经毁了美国国家橄榄球联盟整个赛季，比预期收入减少了20亿美元的进项。而2011年这次，NFL的损失将更加惨重，损失额预计会高达100亿美元。

关乎职业体育赛事如此巨额的金钱利益，你或许可以想见谈判桌上你争我夺的白热化激烈场面绝不亚于粉丝们在球场上看到的。2011年这场风波由新的集体劳资协议条款（collective bargaining agreement，CBA）引发，这是一个雇主和队员工会之间达成的多年协议，所有NFL

1. 彼得·金，《联盟办公室的无名英雄》，《体育画报》，2011年8月1日。

队员的个人合同的谈判都要基于此。CBA的种种规定中包括队员和雇主之间的收入分配、薪水上限、最低工资、自由球员市场规则、年度草案条款，以及工作条件。与大多数体育界CBA中的纷争类似，2011年风波中最明显和最具争议的问题也是围绕雇主和球员之间的收入分配，即收入中多少比例归球员，多少比例归雇主。在本案例中，雇主要求留出总收入中20亿美元的额度用于支持投资，收入剩余部分再用于分配。据此，球员们可以分得收入剩余部分的58%。球员们不同意雇主扣留的额度，而是要求总收入平分。[1]

双方各自要求的相加将超过总数，而哪一方也不想让步，那么你将如何解决这个纷争？

◎看似不可能的谈判

冲突升级，友好协商变成了对簿公堂、各耍手腕，甚至诉诸美国国会进行评判。当然，最后终于柳暗花明。问题的解决在于各方最终同意了一项提议（来自雇主），对收入分配提出了一个全新的结构。他们决定向前迈出一步，不再纠结于各方分得的收入比例。相反，各方将“所有收入”放入独立的三个“资金桶”，分别代表NFL不同的收入流。然后，他们通过谈判确定每个桶里收入的不同分配比例。这个主意解决了问题。最终协议于2011年8月4日签署，规定了球员的收入为：

1. 这个事情很简单，如果我们假设NFL的收入为100亿美元，依据负责人的建议，球员的收入应是：0.58×（100亿-20亿）=46.4亿。

· 联盟媒体收入的55%（例如，来自转播权的收入）

· NFL合资企业/季后赛收入的45%（即与NFL有关的企业经营收入）

· 当地收入的40%（比如，场馆收入）

然而，这个解决方案回避了问题的实质：球员从该协议中分得的“所有收入”的比例究竟是多少？把这些数字计算一下，就会发现合同执行的第一年，“三桶方案”会让球员获得所有收入的47%—48%。但是等一下！如果是这样的话，为什么还要不辞辛劳地创造出三个资金桶，还要给每个桶不同的分配比例呢？为什么不能免去创造一个新的核算体系的麻烦，直接同意给球员分配所有收入的47.5%呢？

从经济学角度可以理性地解释为何三个桶比一个大桶是更加明智的解决方案。想来是考虑到合同执行一年后会发生什么。如果球员期望联盟媒体收入增长更快的话，就意味着他们在未来的收入中占有更大份额，而雇主则会预期当地收入部分上涨更快，这样，三桶分配法就是一个“增值”的解决方案：它使每一方最看重的那个桶在收入分配中占有更高比例。这个经济学上的理性解释存在的唯一问题是，它几乎跟为何双方一致同意“三桶”分法毫无关系。我们还能确定，如果你继续读CBA，看到其中如此表述的另一个条款，这个经济学上的理性解释就更立不住脚了：

如果，在2012—2014年任何一个联盟年度，球员成本总额……超过预期“所有收入”的48%，则球员成本总额将会降低到预期“所有收入”的48%……如果，在任何一个联盟年度，球员成本总额低于预期“所有收入”的47%，则球员成本总额将会提升至预期“所有收入”的47%。

换句话说，双方都同意所有收入的大概47.5%归球员。如果比例相对47.5%向上或者向下有较大程度的偏离，它会被强制拉回这个相对严格的区间。[1]

那么，我们的老问题又来了：如果这个协议与在合同期内每年双方达成一个特定的收入分配比例无甚区别的话，我们为什么还要自找麻烦创造三个桶呢？要回答这个问题，首先，我们需要记住很少有人会真的非常仔细地阅读此类合同，而且也没有媒体会对这些协议的细节进行全面报道或者分析。其次，在未来年份中收入分配比例也都有可能会有小幅度的调整，尽管这在实际上也无关紧要。最重要的是，三桶方案优于一桶方案的一个关键的方面在于：它使得每一方回到自己的地盘，都可以宣称自己是获胜者。它创造了足够的空间让联盟谈判者向他们的雇主汇报，雇主投资更大的领域可以获得更高的收入分配比例（即与场馆有关的收入），而球员协会的谈判者也可以宣布，只要粉丝收看比赛的电视频道，他们就能获得这项收入的50%以上。

1. 2015—2020年的上限是48.5%。

◎控制架构

正如NFL的例子告诉我们的，即使谈判困难重重，各方僵持不下，但不花钱、不劳神也可以打破僵局。[1]甚至双方争执的焦点就是“钱”，联盟也并没有在谈判桌上抛出更多的“银子”让球员就范而达成协议。相反，他们所做的正是“架构”之力的很好诠释：客观上完全相同的提议仅仅因表述不同就能使其增色或者失色。

谈判的“架构”就是一个心理镜头。它是个“意义生发器”，影响着人们如何看待对方，思索手头面临的问题以及现存的选择。在谈判中，架构的数量和类型并没有限制。例如，谈判者可以从财务或者战略的不同视角看待一项协议，也可以从短期或者长期出发，抑或认为这是一次友善或者敌对的交锋。同样，外交家可以从政治或者安全角度考虑一个问题，或者把其作为一个核心或者外围问题考量，或者将其置于历史或当下的情境下思考。交易人会将提议与自己对此次交易最初的设想进行比较，或者与对方从此次交易中所能获得的进行权衡，或者与他人如何评判进行比对。

没有“正确”与“错误”的架构之分，但是究竟采取哪种架构却对各方的行为模式，以及他们最终愿意接受什么有重要意义。例如，有时各方并不太在意的无关紧要的问题，如果夹杂了政治的或者象征性的含义，各方就不愿或者无法做出让步了。近年来，美国国会的民主党和共和党就总是面临这样的问题：对微不足道的问题进行妥协就

---

1. 这就是说双方打算在媒体和法院面前保持一种主张和平的态度。

会被某些党徒认为是彻头彻尾的背叛，因此即使在紧要关头或者问题实质得到两党的支持时，双方也相持不下，很难达成共识。

重要的是，谈判者几乎总是有力量左右架构，而且如我们将要看到的，重新架构是一个威力强大的扫除谈判障碍的工具。无论客观的利害关系是怎样的，人们如何面对一个问题的态度大多数情况下取决于他们（或者他们的伙伴们）主观上如何理解它。交易人对于他们认定的敌对者是不愿意做出让步的，但是如果他们认为这个举动是为了协作性地解决问题而努力时，就会顺从了。谈判者如果把一个冲突理解成“胜者赢得一切”，就会比认为大家“共赢”的谈判者面临更难的抉择。谈判者如若从短期着眼而不是立足于长期，或者这项提议比他们当初预想的更好而不是更坏，他们就会多多少少更愿意接受某项提议。我们在整个这一章讨论架构之力时，将着重探讨客观上完全相同的提议或者选择如何通过重新架构让另一方看上去更加有吸引力。不仅仅去关注所要谈判的实质问题，更要关注各方透过什么“镜头”评估他们的选择，有时这才是打破看上去无法逾越的僵局的利器。

控制谈判的架构。所采取的架构将会影响谈判者做出的决策，评估各种选择以及决定接受什么。

◎帮助对方让步的重要性

谈判者在谈判初期所面临的问题，同随着谈判推进而暴露出的问题会有所不同。其中一个关键的区别就是，某人是因为什么固执地坚持你无法满足的要求。如果这个现象出现在谈判初期，则说明你并没有对合理的预期设定合适的界限。这会导致对方得寸进尺，即对方要求你做出的让步是你根本无法通融的。这就是为什么在谈判伊始，教育对方你所能提供的界限是什么，以及在什么领域你可以多多少少来灵活对待，算是一个很好的做法。谈判者未能如此做的原因是出于错误的理念，认为对方熟知谈判的边界，或者因为他们担心讨论关于界限或者约束之类的话题，会让对方对他们作为合作伙伴的价值产生怀疑。也或许是因为双方缺乏足够的信任，使得每一方都不相信对方能够真正约束自己，或者不相信可操作的空间的确很小。

如果双方一开始就陷入了不可调和的僵局，通常意味着他们当初的愿望不切实际，而且谈判桌上的价值远不能满足他们的胃口。如果双方都想从这笔交易里捞到50%以上，那你面临的问题可就严重了。这可绝不是因为数学没学好的缘故，你越早意识到这点，对你就越有利。显然，NFL的谈判僵局就属于此种情况。类似问题在外交谈判和商务纠纷中也层出不穷。

但是，在谈判过程的某个节点上，或许经过几周的接触，数月的磨合，或者多年的僵局，一方或者双方都可能认识到他们初期的要求是不可能实现的，需要适时做出重大让步，从而避免真的可能出现的灾难性结局。当那天来临，你还是会发现人们仍然不想降低自己的要求。那时，就不存在教育或者信任的问题了。眼下的问题是如何让对方承认他们当初的要求是不合理的，他们应该让步，并且接受切实合理的方案。而且，如果对方需要公然让步，情况就更糟糕了，因为他们在他人（自己的伙伴或者媒体）面前一贯强势。以我的经验来说，让人们意识到自己过分的要求无法实现还是相对容易的；而让他们承认这点并改变做法是难上加难的。这就是NFL谈判者遇到的问题，而这个问题最终还是得以妥善解决。

说服对方让他们从最初的位置让步或者后退还不够，你应该想方设法让他们更乐于让步。

◎重视谈判风格和架构，而不仅仅是谈判的实质内容

当NFL谈判陷入僵局时，任何一方都可以通过减少自己的收入需求而让对方对该协议更感兴趣。但是，这将是代价沉重的让步。正如最后的解决方案所呈现的，你不必总是为推动进程、解决问题而砸钱。有时，在谈判风格和结构上的聪明让步要比对实质内容的高代价让步实惠得多。在本例中，三桶方案似乎帮着各方接受了一个一桶结构时完全不诱人的协议，而本协议前前后后的实际价值几乎完全相同。特别关注风格和结构的谈判者往往更擅长冲破抵制、避免困境以及达到目的。

在谈判风格和结构上的聪明让步要比对实质内容的高代价让步实惠得多。

下一章，我们将更加细致地考察几个案例，进一步了解如何通过调整谈判框架而不伤财不劳神地打破僵局。进而，我们还可以总结解决诸如此类冲突的更多原则。我们还格外关注了NFL谈判中起作用的两个因素，而这两个因素导致僵局尤其难以打破。首先是“幕后听众的问题”。对方不仅仅关注从你那里得到了什么，而且也在意其他人如何判断他们从你那里获得的价值。其次，是“零和游戏问题”。在零和游戏中，一方获得的价值严格等于另一方失去的价值。[1]如果人们在谈判中陷入这种“分裂不和”的思维，其他有益的方面将不复存在，他们就会觉得自己吃了亏而对方占了便宜，因此就很难做出让步了。让我们看一下这些问题是怎么解决的。

---

1. 举个例子说，如果我们只是因为100美元产生分歧，在谈判中并没有其他利益冲突或者别的问题，那么，我每得到1美元，你就会损失1美元（反之亦然）。

第二章
利用架构之力

版税率的僵局

我们谈的是一个商业大单。[1]我提供咨询服务的公司是一个创业企业，正在一个价值几十亿的产业内开发具有潜在颠覆性的产品。坐在谈判桌对面的一方希望获得我方产品的特许权，并且帮我们打入市场。因此我们需要就广泛的问题展开谈判：特许经营费、版税率、排他性条款、节点、开发承诺等等。我们在版税率的问题上困住了，即他们需要支付给我们的每件售出的商品销售额的百分比。

在讨论初期，双方非正式地同意5%的版税率，并且认为是合理的。但是随着时间的推移，我们对于这个比率的应用有细微的分歧。我们的观点是5%的比例低了，但是作为产品投放市场初期所支付给我们的比例还是可以接受的。但是当产品在市场上获得认可并站稳脚跟后，我们认为版税率应该上涨到一个合理的更高的水平。我们理解，我们的基础尚处于开发阶段，初期销售动力较低，他们对我方产品生产的巨额投资值得我方对此做出让步。

---

1. 有些事例为了不暴露个人和公司的信息，在一些例子的细节上有所改变，或者故事跳脱出现实之外，但是故事的本质和能学到的经验教训没有变化。

而对方的观点跟我们截然相反。他们认为，由于他们出资，因此版税率最初应该接近于零；两到三年后，可以给予5%的版税率；而这之后版税率应该下降而不是上涨。“版税率为什么不升反降？”我们问道。“因为在我们的行业内，经过一段时间，版税率都是下降而不是上升。就是这么个规矩。”他们回答。经过深入考虑，他们又给了一个说法：“如果经过一段时间我们能够销售掉你们更多的产品，你们就会愿意接受更低的版税率了。”

我们最初的希望是能够避免正面应对这样的问题，因为整个交易的金额巨大，有这么多钱入账，对于他们这绝不会是一次“血色交易”。随着日子一天天过去而谈判毫无进展，我们意识到他们真的是陷入了一个念头中，那就是“版税率是应该下行的”。他们是担心这个谈判结果会成为他们其他交易的先例吗？还是他们已经给董事会做出承诺，现在他们不想丢面子？还是他们仅仅就是想确保更佳的财务状况？尽管尽力了，我们还是无法接受版税率是逐年下降的。而且，如果我们尽力满足了对方的想法，在头一两年里接受更低的版税率，那么我们在未来就更需要提高版税率。这可怎么办呢？

◎不伤财，不劳神

有时，如果双方立场对立，就需要一方做出让步。也有的时候双方都需要妥协，从而有个折中的办法（比如，我们可以达成一致，版税率保持不变）。而也有些时候物理学规律并不一定适用于谈判：事物可以同时既升也降。

当我们注意到我们的讨论中出现的一个瑕疵时，突破口就得以显现：我们谈判版税时仅仅纠结于一个维度（时间的推移），但是我们的分歧却清楚地表明同时存在两个维度：时间的推移和销售数量。或许我们可以利用这一点，创造一个可以同时上下的版税方案。如果对方想看到版税率随着时间的推移而下降，我们可以接受这一点，只要销售量更大时能确保我们的财务利益更大。想到这里，我们给他们发送了一个版税表，并不仅仅列出每年的税率。相反，我们生成了一个二维表格，列出的税率是时间和数量的函数。大概意思如表1所示。[1]

表1

销售数量	第一年	第二年	第三年	第四年	第五年	……	第十年
200 000	**9.5%**	**9.0%**	**8.5%**	**8.0%**	**7.5%**		**7.0%**
180 000	8	8	7	7	0		0
160 000	7	7	6	6	5		5
140 000	6	6	5	5	4		4
120 000	5	5	4	4	3		3
100 000	4	4	3	3	2		2
80 000	3	3	2	2	1		1
60 000	2	2	1	1	1		1
40 000	1	1	1	1	1		1
20 000	1	1	1	1	1		1
0	0	0	0	0	0		0

每一年，我们不是采取单一税率，而是根据销售的数量规定一个幅度（最小值和最大值）。每年的最高版税都逐年递减（顶行），我们希望这能契合对方降低版税的要求。同时，如果我们销售量更大，每年的实际税率都是逐年递增的。我们对版税率实际走向的期望值如表2所示，突出显示的格子代表我们的内部预期。

1. 为了保护隐私，表格信息已修改。

表2

销售数量	第一年	第二年	第三年	第四年	第五年	……	第十年
200 000	**9.5%**	**9.0%**	**8.5%**	**8.0%**	**7.5%**		**7.0%**
180 000	8	8	7	7	6		6
160 000	7	7	6	6	5		5
140 000	6	6	5	5	4		4
120 000	5	5	4	4	3		3
100 000	4	4	3	3	2		2
80 000	3	3	2	2	1		1
60 000	2	2	1	1	1		1
40 000	1	1	1	1	1		1
20 000	1	1	1	1	1		1
0	0	0	0	0	0		0

这个办法奏效了。对方跟我们就表格中的一些数字又纠缠了一番，但是这个新的提议重新框架了我们的对话，避免了僵局。双方没有再纠结于版税的走向轨迹，抑或版税上行或者下行的根据，并且接下来几周，问题迎刃而解。最后的协议包括了一个简化的税率表格（行和列都变少了），涵盖了时间和数量两个维度。或许这与单一维度下达成一致的版税率的可能性相差无几，但是这种“文风”却让我们的谈判伙伴对这个协议的“观感”感觉更加舒服，而我方则对最终的收入结果更觉舒心。

◎关注“协议观感”

正如此例所示，不仅是我们提出什么建议内容，我们如何提出建议的方式也是至关重要的。谈判者往往误认为只要把协议的实质内容搞对了，即你的提议对对方而言是足够有价值的，你就不必在意“它看上去是怎样的”，这就是我们所谓的“协议观感”。但是，此例以及NFL谈判中，摆在桌面上的价值并不是问题，而问题所在恰恰是提议架构的方式。

而在有幕后听众的情况下，观感的作用更加明显。幕后听众可以是投票人、媒体、竞争对手、未来谈判伙伴、老板、同事，甚至是亲朋好友。我们往往能够意识到我们的幕后听众的存在，却忽视对方的幕后听众。实际上，他们的幕后听众应该同我们的一样受到重视，尤其是当我们想要他们让步或者做出重大妥协。把他们的幕后听众看作“他们的问题”，忽视了最棘手的谈判的最核心宗旨：根本不存在什么所谓“他们的问题”；那些所谓的“他们的问题”，如果不加解决，最终会成为“你们的问题”。可能你给出的方案已经优于对方给出的了，对方“理应”接受，但是你如果没有充分考虑可能影响他们决策的其他因素，你会发现即使你再慷慨大方也会被对方拒绝。

留意协议的观感。方案的实质内容非常重要，同时协议内容对你的谈判伙伴及其幕后听众的“观感”也至关重要。

◎帮助对方赢得幕后听众

在1991年关于谈判技巧的丛书《突破拒绝》（*Getting Past No*）中，作者威廉·尤里（William Ury）使用了强调帮助对方赢得幕后听众的强有力的短语。尤里告诉我们要为对方“谱写胜利的篇章”。我总是要求我的学生和客户不仅仅要仔细考虑能为对方带来多少价值，而且要注重他们及其幕后听众如何看待这个提出的方案，思考他们如何赞同你的提议而同时还能宣告胜利。如果你无法开辟一条蹊径，让他们将协议解读为“获胜”，你们就可能会有麻烦。

这并不意味着你应该以改变谈判风格或者架构的手法拿下这单买卖，因为结果往往损人不利己。本章后面的部分，我们将着手探讨这样做的可能性及可能出现的问题，但是眼下，让我们领略一下各方如何从有效的架构中获益。在NFL的案例中，重新架构的“三桶方案”创设了一个叙事结构，双方回到大本营后都可以声称这是他们谈得最漂亮的一桩生意。重新架构避免了来自谈判者的一个僵局，那就是太注重自己的形象而没有考虑到自己“选民”的感受。在我们的版税率谈判案例中，我们能够想出一个有实质内容的方案让对方也很受用，但是他们仍然需要帮助架构方案内容，从而使那些非实质性的顾虑不会让谈判功亏一篑。

同样的原则也适用于并不太复杂的场合——例如，你在争取一个就业机会时，如果人事经理想增加名额或者给你“开绿灯”，他或她将需要在公司内部提供正当理由。我总是提醒我的MBA学生要帮助对方想出他们所需要的措辞和叙述方法，去解释为何在这种情况下他们做出的让步是恰当而且必要的。

思考对方该如何交差，从对方幕后听众的角度出发架构谈判协议内容。

◎让对方心安理得地寻求帮助

对于对方真正需要的是一个实质性让步，抑或仅仅是对方幕后听众如何看待你们所提的方案的问题，很多情况下并不明朗。而且正如你们所怀疑的那样，对方通常不太愿意明晰究竟属于哪种情况。如果我方准备做出一个实质性让步，而他们首先承认不需要的话，对他们来说是划不来的。而如果告诉我们，我方的提议实际上价值连城，又会削弱他们进一步讨价还价的能力。最后，如果公然让我们知道，他们要想交差需要我们的帮助，对他们来说就是示弱的表现，会破坏谈判进程。这些都是可以理解的顾虑，让他们纠结于协议内容的观感，让协议看起来还有很多不足之处。

如果双方有足够的信任，对方就更有可能坦诚相待，告知谈判中的真实阻力在哪里。即使双方信任度较低，谈判者之间专业的坦诚相待，相互尊重，也有助于向对方表明他们是否卡在协议观感上了。“表露心迹”时也可能伴有一定的否认，他们发出的信号可能含混不清，如果一再催问，他们可能否认有这些需求，但是你知他知，其实，对方的意思已经传达出来了。

还要谨记很重要的一点，如果对方认为你们总爱利用对方示弱的任何蛛丝马迹，那么这些信号就很难获得。简言之，你们让对方告知实情时越有安全感，他们就越愿意这样做。[1]让对方有安全感的最佳方式是他们通过自己的行动表明，你们不会利用对方，而且对他们因

1. 如果你每次惩罚孩子的时候，他们有勇气承认自己哪些地方做得不对，千万不要因为他们更换策略而惊讶。

在重要问题上表现出诚实和磊落所承担的风险表示感激。根据我的经验，重复性的谈判或者几个月甚至几年来不断打交道的谈判双方，就不需要构建这样的信誉；就算在一次谈判中，无数细微之处也能让这样诚信、可靠的信誉建立起来。例如，如果对方分享了敏感信息或者做出让步，你能“礼尚往来”，回报以你们的承诺，或者适时表现出灵活性，而不是在任何一点上都斤斤计较的话，信任就建立起来了。

让对方在协议问题上寻求帮助时有安全感。对于对方的坦诚磊落，树立绝不会利用对方弱点的信誉。

◎避免单议题谈判

版税率谈判凸显了谈判中的一个共同问题：陷入一个单一的问题。或许有悖于你的直觉，多维度问题同时展开时谈判往往更容易推进。如果谈判桌上只议一个问题，就很难看到双方如何如愿以偿，或者如何兑现他们向自己幕后听众的承诺，这样你们就会面对“零和游戏”的问题，至少有一方会觉得自己有所损失了。在这种情形下，你就需要考虑在谈判桌上引入其他问题，从而使各方都有所得。如果我的一个孩子想要另一个孩子正在玩的玩具，我通常会建议他或她再拿来一个玩具，从而可以做一场交易。如果两人都争执不下去抢一件玩具，往往会不欢而散。

为了变通，你可以考虑把两个独立的单议题谈判合二为一，变成更为轻松的一次性谈判而不是难度更大的两次谈判。我的孩子们跟我讨论周五和周六能看哪些电视节目时，如果把两天放在一起来谈，而不是两天单独来谈的话，他们更容易跟我达成一致。两次讨价还价被一次讨论所代替，而且每人都能各得其所，何乐而不为呢。

有时，仅仅引入一个微不足道的辅助议题足以打破僵局。你帮着对方创造的这个“赢局”未必比他们在另一个议题上给予你们的更有价值。值得注意的是，他们在不同议题上已经愿意跟随你们就范，他们只是寻寻觅觅，想创设一种说辞，即“双方都做出了让步”。

避免在谈判中单题单议。增加议题或者合并独立的单议题谈判。

◎多个议题同时谈判

即使谈判中存在多个议题，就算我在目前讨论议题上做出让步是寄希望于对方在后面的议题上做出让步，或许我也不愿意冒这个风险。要打消这些顾虑，谈判中多议题同时推进往往是明智的做法。换言之，不要试图以此就一个议题达成协议，而是养成习惯，“打包”进行讨价还价。例如，“这是我们在议题A可以做到的，这是我们对议题B的需求，这是我们在议题C上可以接受的”。这样可以满足两个目的：第一，如前所述，这消除了目前我方让步，但后续对方没有回应的风险——你可以视对方的行动而做出相应让步；第二，多个议题组合讨论时，谈判者能够更加轻易地在议题之间做出取舍——你可以捍卫你自己更加在意的，作为交换可以舍弃对方更加看重的。相形之下，如果你们一次只就一个议题谈判，人们就会拼命争夺谈判桌上此时出现的任何利益，这样就很难看清各方实际最看重的是什么。

例如，如果我正在进行一个复杂的商业谈判，有人想孤立地谈一个问题（比如，价格），我通常会转移话题，引进其他议题。有多种方式可以达到这个效果。我可以说我对价格的立场取决于其他条件的满足，所以我们最后敲定价格之前还需要讨论很多问题。我可以给“一揽子”方案出价格，并明确我们申报的价格还包括了下列条件。我也可以提供多重方案，每一个方案包括一个报价和不同的条件，从而让对方可以更好地理解议题间有什么关联，以及我可以表现出的灵活度。这些战术都有助于我们避免陷入单一议题的困境。

谈判时多个议题同时推进有助于做出最佳取舍，并且降低“单边让步”的风险。

◎分散注意力

谈判桌上推出多个议题，更容易达成一个协议，容许各方都有一些“赢局”。然而不幸的是，即使存在多个议题，有时某个议题也会成为最突出的，而且每个人都据此来衡量谈判中谁是赢家，谁又败北。这恰恰是NFL谈判中存在的问题；即使一方在其他问题上得到了对方里程碑式的让步，大多数观察者仍然用收入分配的问题作为衡量成功的唯一晴雨表。各政党对立法问题谈判时我们也可以看到这个问题。问题产生的原因不尽相同。有时媒体或者其他幕后听众信息和专业知识有限，只能通过一个突出问题做出判断。而有时非常遗憾，是谈判者在措辞上夸大了某个单一问题的重要性。政治家这么做是为了煽动支持者的热情，生意人不经意地这么做是为了高效地表明立场。在有些情况下，即使没有幕后听众，问题也会出现；一个议题会凸显是因为一方或者双方都过分强调这个问题的重要性，想给对方一个下马威。

不要让任何一个单一议题凸显。教育你的幕后听众该如何评判谈判的成功，对任何一个单一议题投入的注意力要有所限制。

◎把议题一分为二

当然，在很多情境下，某个议题客观上的确是最重要的。而且，尽管你努力争取过了，但是在谈判中实在没有（或者不可能纳入）其他相关议题。即使在这些情况下，也有其他策略避免这种胜出/败北的结局：把一个议题分为两个或者更多。这就是NFL谈判者们所做的，把一个收入数字分解为三个独立的收入“桶”。在这个商业谈判的协议中我们如法炮制：把“每年的版税率”分解为“每年的版税幅度”和“基于销售数量的版税率”。再回到孩子们和玩具的例子：如果只有一个玩具，你可以通过讨论谁现在得到玩具谁稍后得到玩具，把问题“一分为二”。（注意：尽管也有些例外，但是把一个玩具一分为二可就适得其反了。）

如果只有一个议题，尽量把它分解为两个或者更多的独立议题。

◎为隐晦的利益揭开面纱

一个看上去有争议的议题有时包含多重可调和的隐藏利益。在这种情况下，你可以通过揭开隐晦利益的面纱而突破僵局。例如，考虑下列情形，一个员工就加薪跟老板讨价还价，而老板毫无此意。原因或许是老板认为这个员工不应得到这么高幅度的加薪。若是此番情形，一种选择是他们两方“各让一步”，找一个双方都能接受的幅度。如果无法达成一致，他们可能会分道扬镳。但是，如果老板认为员工的要求是合理的，但在员工初次提出加薪要求时无法满足的唯一理由是今年的预算吃紧，这该怎么办？如果是这种情况，不必折中，相反，明智做法是把问题分解为“今年的薪水”和“明年的薪水”。用这种方法，老板今年可以不用触及预算，而员工来年可以拿到更高的薪水。

换言之，双方都可以满足他们隐晦的利益（获得加薪，保持预算），但是要想促成这个结果，还需要双方停止争执“他们想要什么”，转而讨论“他们为什么想要这个”的背后动机。此举称之为从立场（人们想要什么）到利益（他们为什么想要这个）的转变。即使你们在同一个问题上立场不同，但是你们的利益或许是契合的。你越是能快速地从争论立场转变为谈判背后的利益，你就越能快速地确定双方需求是否可以调和。

不相容的立场或许暗含可调和的背后利益。了解对方为什么需要某物，比纠结于对立的需求或者采取折中的办法，能够达到更佳效果。

◎实质内容上坚定，结构上灵活

谈判高手必要时说一不二，但是会随机应变、灵活变通。当你评估了各方拿上谈判桌的利益点，在你充分考虑了什么样的要求是合理的以后，对你应得的一定要据理力争。但是，你对实质问题的坚定不应演变成顽固不化，尤其在如何满足你的要求这个问题上。如NFL和版税率这两个例子所展现的是，你越是对协议内容的框架结构不那么苛刻，就越是能找到皆大欢喜的方案。这种灵活度让对方有更多选择，从而他们就更有可能以某种方式满足你的需求。以我的经验，在谈判过程中，你的一言一行给对方发出的有用讯息应该是这样的：我知道我最终的目的地在哪里，我对如何到达那里保持灵活性。或者换种说法：你越是让对方在你那里存更多现金，你就更有可能得到回报。

在实质内容上尽可能寸土不让，在协议风格和结构上尽可能灵活。

◎不陷入僵局是一个弥足珍贵的短期目标

你可能已经注意到了，我们关于版税率“二维”而不是“一维”的谈判方案并没有马上解决问题。相反，对方把这个方案打回来了，挑出了我们在提议结构上的问题或者错误，但是根本没有提及我们要求的版税率对他们而言太高了。但是，这个提议的精妙之处在于我们并没有纠结于某一个议题而停滞不前。我们讨论的都是一些实质性问题，但最终都是可以调和的。这一点很重要：构思能满足对方幕后听众的敏感需求或者能协调不同议题的谈判方案，也未必能解决所有的冲突，或者最终搞定整个谈判。然而，这些方案能大大减少陷入僵局的时间，促成双方都能接受的协议的达成。

一个充满智慧的谈判方案不需要解决所有争端。有时不陷入僵局就是通向最终协议的关键。

迄今为止，在我们讨论的例子中，双方目标不同，就会导致他们的需求不可调和，从而产生僵局。但是，即使在同一间屋子里的人们利益一致，而且目标相同，仍有可能陷入僵局。人们对实现目标的最佳方式可能各执一词。会出现这种现象是因为人们之间没有充分的信任，或者因为人们没有充分说明他们方案的优点，或者因为每个人对正确道路有自己强烈而不同的先入之见。我们在下一章将会在人际互动领域领略更多发挥作用的因素，与我们前面讨论的情形都有所不同。主要讨论当一个人现有的理念或者预期遇到全新、外来或者不同的观点时，架构策略如何帮助其克服心理障碍。

第三章
适恰性逻辑

癌症阴影下的谈判

如果你有最佳的、创新性最强的提议，你怎样向坚持走自己路的人表述？你可能全心全意为对方考虑，但是跟坚决抵制变革的人，你如何谈判？你或许是对的，但是如果对方存心跟你背道而驰，你将如何说服他们？

我们可以考虑一个诊断出前列腺癌前期的病人的案例。[1]在美国，大多数前列腺癌患者是通过一种叫前列腺特异性抗原（PSA）检测法筛查出来的。[2]大量证据显示许多PSA诊断出的前列腺癌属于过度诊断，也就是说，如果病人没有进行PSA检测，根本不知道自己罹患癌症的话，也能活到正常的寿限。[3]世界知名的癌症研究和治疗机构之一，位于纽约的纪念斯隆-凯特琳癌症中心（MSKCC）， 通常推荐前列腺癌

---

1. 本章中许多言语是直接从案例《在癌症阴影中谈判》借鉴而来，还有一些言论借鉴于迪派克 · 马哈拉（这本书的作者）和贝法尔 · 艾德。

2. 前列腺特异性抗原（Prostate Specific Antigen，PSA）筛查需要检查血液，用来测量是否在正常的水平。PSA负责液化精液，来确定前列腺是否出现问题。如果不合常规的话，可能是由于感染、癌症、创伤破坏了前列腺的结构，导致更多的PSA在血液中释放。

3. 罗曼 · 古拉缇、路德斯 · 井上、约翰 · 戈尔、杰夫瑞 · 凯契尔和鲁斯 · 埃齐奥尼，《根据个性化的估计过度诊断筛查前列腺癌》，由《美国国家癌症研究所杂志》第106期刊登，No.2（2014）。

症早期患者进行“积极的监测”，而不提倡手术和放射疗法等治疗方法，因为这些治疗都会产生副作用，如小便失禁和勃起功能障碍。这个推荐意见跟国家综合癌症网络指南和美国泌尿外科学会指南是完全一致的。

按照积极监测方法（AS），将对患者进行PSA检测、定期的活组织检查和体检；如果有迹象表明病情发展到了更严重的阶段，就推荐病人进行治疗（例如，手术或放射疗法）。AS计划通过包括每六个月一次的实验室监察和体检，每两年一次的活组织检查来监控病情的发展情况。

身为公共卫生学硕士、医学博士的贝法尔·艾德（Behfar Ehdaie）医生，在MSKCC任主刀大夫，他发现只有60%的患者接受推荐的AS法；而其他患者则选择手术或者放射疗法，不愿意接受推荐的积极监测法。其他MSKCC的医生也发现自己的病人对推荐的AS法的接受率也大体相当。而且，也可想而知，医生跟病人讨论，劝其同意接受AS法往往耗费较多口舌。为何这么多的病人不愿意接受专家推荐的方法——尤其是医生推荐手术其实可以挣更多的钱，而且手术和放射疗法都会影响到生活质量？怎样做才能给病人更好的结果呢？

◎不伤财，不劳神

艾德医生和他的合作者安德鲁·维克斯（Andrew Vickers）医生开始进行试验，试图改进与病人讨论AS法的沟通效果。艾德医生找到我，他希望我们一道研究如何改进AS法的讨论模式，而且从更普遍的意义上，帮助其他医生提高与病人的沟通技巧。注意：他的目标不是如何让其他医生开出AS或者其他治疗法的医嘱——这是每个医生自己的选择——而是去帮助外科医生们如何行之有效地推荐他们认为合适的治疗方法。[1]

看起来这里的核心问题是我们要求病人考虑一种治疗选择，但是跟他们当初认为的他们应该选择的方法是完全不同的。如何克服这种抵触？我们应该如何帮助病人更加审慎地考虑怎么做才是对自己最有利的？基于艾德医生已经开始实施的想法，我们共同努力，根据现有心理学研究成果和我帮助公司机构向客户和利益有关者清晰表述价值命题的经验，我们认为应该重新锤炼沟通方法。成效相当明显。自从改变了诊室中的谈话方式，根据三个月来收集的数据，艾德医生的病人对AS方法的接受率已经从60%提高到了95%。艾德医生付出多少代价才促成这个改变的？分文未花。首先，新方法并不需要对政策、行政管理结构或医生、医院和保险公司之间的交流互动做出重大改变。另外，他对癌症早期病人的问诊时间也较之新方法实施之前的平均60分钟大幅下降到了35分钟。医患对话不但是有效的，还是高效的。

在此，我分享一下艾德医生跟病人沟通时采取的几个原则，从而确保谈话不会偏离正轨。[2]我特别需要着重谈如何重新架构选择来克服病人对改变的抵触。几个原则交织在一起，就好比一个应对抵触情绪的秘籍，不但适用于这个场合，也同样可为各种谈判所用。

---

1. 是否可以适当且积极地监测病人取决于许多因素，医生必须仔细考虑。
2. 若是想看调解过程的详述，可以参考作者迪派克 · 马哈拉的作品。

◎适恰性逻辑

人们如何做出决策？人们如何确定他应该说“是”还是“不”，该选择“A”还是“B”，该作为还是不作为？我们都非常熟悉人们做出选择的一个途径：成本效益分析。它的基本观点是人们衡量所有选择的成本和效益，挑出整体上的最佳方案，或者根据风险偏好做出一定调整。但是，人们任何时候或者大多数时候都照此出牌吗？社会科学家詹姆斯·马奇（James March）和约翰·奥尔森（Johan Olsen）提出了另外一个决策模型，他们称之为适恰性逻辑。[1]他们建议，与其陷入潜在复杂并耗时的成本效益分析，人们通常可以通过问自己一个简单的问题做出决策：“一个像我这样的人在类似情形下会做什么？”[2]这个问题一提出后首先跃入脑海的答案往往对人们如何选择行为模式有重大影响。

如果我们郑重对待适恰性逻辑，它意味着我们应该留意人们是否认为我们的方案或者倾向的选择是“适恰的”，以及我们如何增强提出方案的适恰性。心理学上（以及最近的行为经济学中）进行的大量工作都围绕说服力这个话题，以及如何进行框架选择使他们更有吸引力。在我与艾德医生共事的过程中，我们引入了其中的三个观点来提升AS的适恰性。这里我又加入了第四点，看似与医患谈判没有直接关联，但是对许多谈判语境都是非常重要的。依据我的经验，这些原

---

1. 罗伯特·古丁、马丁·雷恩、迈克尔·莫兰，《适恰性的逻辑》，由詹姆斯·马奇和约翰·奥尔森编辑在《牛津公共政策手册》中，牛津：牛津大学出版社，2006年。

2. 马奇和奥尔森认为人们还应该思考如下两个（基本）问题：即我是一个什么样的人？ 这是怎样一种情况？ 相应地，人们会根据时间段的不同，扮演哪种不同的角色，选择什么样的身份呢？（如父母、雇员或者公民）并基于情况的变化，他该如何构建自己，使自己适应当时的环境（如，这是一个道德决定还是经济决定？）。

则都是最强有力、应用广泛的手段，能增强一个观点或者提议的适恰性，甚至是增强其吸引力。[1]

适恰性逻辑告诉我们，人们做出的许多选择都是基于一个简单问题的答案：跟我相像的人在类似情形下会做什么？

1. 利用社会认同

“社会认同”原则，由社会心理学家罗伯特·西奥尼迪（Robert Cialdini）提出，他表示，当人们无法确定选择哪条道路或者选择什么时，他们就会参照其他人实际或者隐含的行为。[2]根据适恰性逻辑，如果我们认为其他大多数人在实际做什么，这个行为就一定是适恰的。这是因为当人们放眼看这个世界，他们会认为这个世界自有其运行之道。如果他们看到别人选择某种行为轨道，他们就会自言自语“这一定是有道理的”，并且据此认为这是正确的、正常的或者可接受的行为。毫不奇怪，提高选择适恰性的最直接方式就是表明其他人也选择了它。艾德医生描述了在改进方法之前，他是如何违背了社会认同原则的。他先前竭尽全力突出MSKCC的独特性，而这恰恰让病人转身不选AS法。他充分利用社会认同的威力，改变了说法：

1. 关于这些话题的研究已经开展了数十年，许多学者趋之若鹜。若是想参考，或者了解更多关于话题的信息，可以阅读迪派克·马哈拉和麦克斯·贝瑟曼所著的《心理影响谈判：姗姗来迟的介绍》，刊登于《管理杂志》（第34卷），第3期（2008），第509—531页。
2. 罗伯特·西奥尼迪在其著作《影响力》（纽约：威廉莫洛出版社，1993年）中有更为详细的解释。

> 以前，我总是告诉我的患者“大多数美国男士不选择积极监测法是因为他们担心癌症扩散，而且外科医生认为如果不推荐手术或者放射疗法，就是没尽本分。然而，在MSKCC，我们承诺保持你的生活质量，同时治疗癌症；因此，我们只向我们认为对的人推荐手术和放射疗法”。不幸的是，他们听到的全部都是“大多数男士不选择积极监测法”，因此后面就什么都听不进去了。鉴于我目前的新方法大获成功，现在我可以讲得头头是道。我强调，在我的诊室里，大多数男士选择了积极监测法，而且我每年跟踪监测300多名男性患者。[1]

利用社会认同来提高你的提议的适恰性。

成也独特性，败也独特性

在商务谈判中，同样的原则也广泛适用。例如，大多数人都懂得“标新立异”可以看作有吸引力和影响力的源泉。但是，正如患者的例子所显示的，当我们着急忙慌地将我们的方案刻画成独特的、开创性的并且优于竞争对手的时候，我们就是在公然搬起石头砸自己的脚。例如，一个销售员煞费口舌地说服客户，她将有幸成为这项新技术或者新解决方案的第一批试用者，他会发现自己的兜售会被下列事实所侵蚀（或者彻底摧毁）：对方会听出话外音，原来“像我这样的其他人并不会这么做”，并且思忖“他们怎么会知道我也不会这么做

1. 贝法尔 · 艾德在2014年的时候同作者私下沟通时记载下来的。

呢？”或者“现在还不用着急这么做”。在这种情况下，销售员就需要中和一下“独特性”的说法，加入一些其他信息，从而冲淡客户刚才的顾虑。

将一个选择表述为独特的能引人注意，但是未必能引人入胜。

---

2. 设置默认选项

默认选项是适恰性的另一个标志。如果某物是一个场景下假定或者预先设定的选择，就会让人们得出结论“这一定是出于某个原因默认的选项”，即这一定是大多数其他人做出的选择，这是正常的或者是可以接受的。研究表明，人们会受到默认选项的强烈影响。即使他们可以随心所欲地做出选择，偏离默认选项（即现状）也会给他们带来心理负担。无论人们是在不同战略还是不同产品中进行选择，设置一个默认选项，你就提高了它的适恰性。严格来说，这个原则并不是说默认选项一定是吸引力最大的，但是当它一旦变成默认选项，其吸引力就被提升了。以前列腺癌为例，当患者进入诊室，手术通常是他脑海中的默认选项。如果你在对话之初就把他们的默认选项转化为AS，那对话的展开就容易多了。但是如果让手术成为先入之见，过后再拼凑种种理由背离它，就会发现这将是一场艰苦卓绝的恶战。以下是艾德医生实施这个原则的描述：

当开始讨论治疗方案的选择时，我现在将积极监测引入为默认选项，首先就把关注点锁定在此。具体来说，我给患者打消顾虑，他们是早期前列腺癌患者，完全不同于晚期病人，并且说：“在你们这样的早期患者中，我们推荐积极检测法，而对于危重癌症患者，我们才推荐手术或者放疗。今天，我重点讲积极检测法，但是我也可以回答手术或者放疗的问题。[1]

把你的提议表述为默认选项，从而增加其适恰性。

你来起草协议初稿或者启动谈判流程

当你为一份合同而谈判时，谁来设定默认选项？这个选项存在于哪里？通常掌握在起草合同初稿的一方手里，或者你用的是哪方的合同模板（即标准合同）。成为提供合同初稿或者在谈判中将标准合同作为模板的那一方，将会占据明显优势。以我的经验，标准合同中的许多条款——甚至是对交易价值有实质性影响的重要条款——通常不会受到质疑，或者因为它们出现在标准合同里，就不会像口头提出的那些条款，总是争执不下。人们的想法倾向于：“如果这一点出现在标准合同里，那一定是有理由的。或许这是很正常的。这很有可能是大多数人都愿意接受的。”

在与谈判有关的学术文献中，研究最广泛的策略之一就是所谓的“锚定”，通常是指不论哪一方最初提出的方案，会强有力地框架整个谈判，并且会塑造另一方对交易中可能的和可接受的条件的认知。

---

1. 贝法尔·艾德在2014年的时候同作者私下沟通时记载下来的。

因此，整个谈判的最终结果（比如，资产的价格）就与最初的提议密切相关了。[1]

默认提议或预期也与整个谈判流程如何设定相关联——例如，完成交易的时间表、谁参与谈判、哪方先开价、议事日程上有哪些内容等。大多数情况下，往往根据先例都有对上述选择的预期或者预先设定的标准。这会让谈判者估量现有的默认选项，并且必要时改变之。就像其他影响框架的因素一样，默认选项持续的时间越长，就越难以改变。如果在对方进入谈判室之前你就能改变默认选项，那是再好不过了。如果不能，那就在谈判初始阶段快刀斩乱麻，改变人们对默认选项的认知。因此，艾德医生尽可能在谈话之初就将默认选项从“手术”转移成了“积极监测法”。

起草协议或者流程的一方会拥有更多筹码。

---

3. 转换参照点

10 000美元是很大一笔钱吗？这很难给出确定的答案，取决于你做比较的对象或者你的预期。如果你想买一只手表，那这就是很大一笔钱，价值不菲；如果你想买一座房子或者在讨论国家债务，那么这个数额就不值一提了。关键点在于人们对数据或者选择的反应或者评估

---

1. 心理学文献中将这种现象更精确地称为“锚定和调整不足”。人们意识到，在分析之初（也就是锚定之时）——只是初步的判断，根据对方而得出的第一个诉求等——并不是正确之选，仅仅是一个初始点；即便如此，人们还是非常重视这个初始点，之后所付出的努力，做出的合适调整，也不会太偏离它。

并不是在真空中进行的。一个人在评估一个方案、考量时间表的合理性或者衡量一个性能指标的成功与否时，脑海里都会有个参照点。如果参照点“错了”，即使是最好的数据或者最有价值的提议也会被做出相反的评价。那么，在表述信息之前，设定一个恰当的参照点就是明智之举。如艾德医生所解释的：

过去，当我解释积极监测法需要跟踪六个月时，病人及其家属马上就会心慌，认为这不像是“密切”跟踪，而且六个月内癌症会在两次预约之间就扩散了。这样讨论就会变成“防御式的”，我就需要辩驳，六个月内可能会扩散，但是这种可能性极小。现在，在谈话最后提及后续医治计划之前，我会说：“PSA筛查法让我们在前列腺癌临床诊断结果确诊之前的四到六年就监测到病情。而且，罹患前列腺癌的病人在没有任何治疗的情况下，癌症的转变或者病情发展一般需要10年的时间。因此，可以很保险地说，五年之内我都会见到你；但是，我们会非常密切地监测你的病情，计划让你每六个月回来复查一次。”起先六个月对病人来说感觉遥遥无期。通过设置恰当的参照点，此处是根据前列腺癌的自然发病史，两次监测之间的六个月现在就被认为是一个较短的时间了。[1]

无论你是在商业谈判中，还是在武装冲突中，或者在医生诊室

1. 贝法尔 · 艾迪德在2014年的时候同作者私下沟通时记载下来的。

里，受众脑海中的参照点将决定你的提议会被看作平衡的还是一边倒的，是慷慨的还是不公平的，是令人舒心的还是不安的。很重要的一点是谈判者要确保对方在一个适恰的语境下评估方案的实质内容。总会有一个评估方案的语境——也就总会有个参照点。对默认选项而言，现有的参照点是否合适或者有用，或者是否需要重新设定，这都是值得关注的。

设立一个合适的参照点。如果参照点设置不合理，即使是慷慨的提议方案也会得到负面的评价。

---

4. 不要为你的方案道歉

如果一位医生给出了尽可能好的建议，但是又因为病人对建议的不喜欢而表露歉意从而削弱了建议价值，这样做有百害而无一利。同样的道理适用于所有类型的谈判。例如，我帮助过很多提供创新性产品和服务的公司，在许多情况下，这使得他们的价格点比竞争对手的高出十倍。当销售员首次报出这个高价格时，不可避免，顾客的反应是吃惊、失望和不爽交织在一起。“没人会为这种东西付这么高的价格。”此时此刻，销售员犯的最大错误是为这个高价格表现出歉意。然而，销售人员经常会有此举，或许是由于对方的反应让他措手不及，陷入本能的防御，或者努力让对方觉得自己能感同身受。很多言辞和行为可以表露歉意：答复对方“我知道价格不菲，但是……”；立马表示必要时可以议价；偏离了最初高调的价值命题；

开始讨论其他公司是如何收费的；或者只是说话时没了底气。因此，一个销售员究竟应该怎么做呢？

在推销或者所有类型的谈判中，如果你精心设计了你的方案，并且认为是合理的，就不要为之道歉。你表现出歉意的那一刻，就相当于给了对方一个讨价还价的许可证。这并不意味着你应该绝口不谈价格。这也不意味着你不应该解释你的报价。但是，当你为自己的方案致歉时，你就相当于给自己套了一个框框，说自己的提议是不合时宜的，而且你认为这个报价也不是一个合理的谈判起点。如果除了竞价你还有更多内容可以拿到谈判桌上，你需要转换到讨论价值的模式上。例如，如果客户抱怨价格太高，销售员或许可以说："我觉得您一定特别纳闷，为什么我们有这样的价格，还有很多人排队买我们的产品？我们究竟能实现什么样的价值，让我们从竞争对手那里赢得这么多生意？我很高兴跟您有这样的对话。最后，我们都会明白大家都希望物有所值。因此，让我们来讨论下价值定位吧……"

一定要证明你的报价是合理的，而不是为之道歉。

有关提高适恰性工具的讨论，最后一点值得我们思索的是架构的道德观。艾德医生的目标显然是善意的。然而，在其他语境下，我们也必须考虑什么情况下架构是合理的，什么情况下是不择手段的。任何时候你对别人做出的决策施加影响时，很重要的是你不但需要考量自己的意图，还要考虑接踵而来的所有后果。在迄今的所有例子中，我们

都尽力将侧重点放在谈判者身上，他们都使用了架构策略来帮助各方打破僵局，实现创造价值的效果。

这并不意味着这些原则不会将人引入歧途——或者出于居心不良或者出于未能考虑他人受到的危害。（本部分后面的章节将探讨这个问题。）但是，好消息是不太容易仅凭架构就能说服人们选择对自己不利的行动。绝大多数情况下，以及在我们讨论的例子中所表明的，只有当你的目标受众愿意，并且甚至是希望按照你引领的方向前行时，架构策略才能发挥最佳效果——只要你让对方轻而易举地跟随。

另一方面，也并不是只要你能在风格和架构上满足对方，对方就能在实质要求上满足你们。在某些情况下，很不幸地，双方都很强势，或者都有很多约束，哪一方也无法接受对方的立场。那么架构之力如何帮助他们？我们在下一章讨论这个问题。

第四章
战略性歧义

美印民用核能源协议

1968年，通过谈判达成协议，各方签订了《不扩散核武器条约》（*Treaty on the Non-Proliferation of Nuclear Weapons*），又称《核不扩散条约》（*Non-Proliferation Treaty*）。之所以签订《核不扩散条约》，是为了限制当时世界上五个拥有核武器的国家，分别是：美国、英国、苏联、法国和中国。并非巧合的是，这五个国家同时也是联合国安全理事会（United Nations Security Council）的五个常任理事国。签署《核不扩散条约》，是希望达到一个长期的愿景，合约的签署方要保证：（a）不参与核武器扩散活动，（b）对核武器装备和力量进行裁减，（c）和平使用核能技术，（d）而且要在国际原子能机构（International Atomic Energy Agency，IAEA）的检查和保障下安全地使用核能，坚守自己的承诺。

到20世纪末，已经有190个国家签署了《核不扩散条约》，那个时候仅仅有四个国家拒不签署这一条约，分别是朝鲜、以色列、巴基斯坦和印度。[1]它们之所以拒绝签署《核不扩散条约》，是因为它们做不到像其他签署国那样遵守诺言。即便它们许下削减核武器拥有量的诺言，它们也做不到，而这个条约正是要管制对核武器的独立主权和战略权利。在《核不扩散条约》签署且落实生效的这些年，以上四个没有签署条约的国家，在对核能的研究上取得了很大成功，也发展了自己的核武器。

2005年6月，美国和印度开始了为期三年之久的马拉松式的谈判，意在促使两国签署《民用核能源协议》。[2]前期条件相对来讲还算简单：印度要将本国军用和民用的核设备分离开来，而为了保证他们真的将核能用于民生，他们必须在国际原子能机构的检查保障之下，同美国开展有关核能的合作。当然，它们还受到美国及拥有45个成员国的核供应国集团（Nuclear Suppliers Group, NSG）的监察。因为印度没有签署《核不扩散条约》，这让谈判变得困难重重。还有一些人认为这件事太异想天开。绝大多数人想着，若是同意印度参与到民用核武器买卖中，会违背美国在《核不扩散条约》中许下的承诺。若是将没有签署《核不扩散条约》的国家和签署国一视同仁地对待，签这个条约的意义又何在呢？恰恰相反，布什政府还有核供应国集团当中的一些国家认为，虽然印度没有签订《核不扩散条约》，而且拥有他们自己的核武器，但是他们没有参与核扩散活动。若是将他们置于国际原子能机构的监察之下，参与进民用核能源交易当中，不仅能约束他们

1. 朝鲜于1985年签署，但在 2003 年退出。

2. 若想了解更多关于这些谈判的背景内容，请参考尼古拉斯·伯恩斯（Nicholas Burns）的《美国同印度的战术机遇：新美印关系》，《外交事务》，2007年11/12月；巴乔瑞亚埃丝特·潘的《美印核交易》，美国对外关系委员会，2010年11月5日。

自己，而且对核能源的安全使用更有保障。

想要达成协议可并非易事，这种跨国谈判在诸多层面上需要协调统筹。首先，美国需要获得国内立法，允许其跟NPT非缔约国有交易往来［已经通过2006年《海德法案》（*Hyde Act*）实现之］；其次，美国和印度通过谈判达成双边协议（指的是后来签订的《123协议》）。与此同时，国际原子能机构也要同印度达成共识，将印度民用核设备置于国际原子能机构的监督保障之下；核供应国集团还要授予印度前所未有的豁免权，让其可以拥有核技术和燃料；最后，美国和印度签署外交协议，必须得到美国国会的批准和印度议会的支持。

在谈判过程中涌现出的更加恼人的问题之一，是如果印度再次进行核武器的测验，其引发的后果将使谈判何去何从。1998年，印度在国际社会的广泛谴责之下，前后进行了五次核试验，不仅受到了美国和其他国家的制裁，而且短短两周后，巴基斯坦就进行了报复性的（第一次）核试验。一年之后，也就是1999年，由于巴基斯坦的军事入侵，触碰到印度和巴基斯坦分界“实控线”的克什米尔地区，两国发动了历史上第一次，也是唯一一次已知对方有核武器情况下的传统战争。在这样紧张的局势之下，也就毫不奇怪，为什么美国以及核供应国集团中的许多国家是否支持签署民用核协议要视印度是否再次进行核武器试验的情况而定。[1]

但是与此同时，印度方面对此的支持刚好视相反情况而定。如果这项协议会约束到印度在必要时进行核武器试验自主权的话，印度的

1. 的确，无论是2006年的《海德法案》还是1946和1954年的《原子能法》，都授权美国与印度进行谈判，但是如果印度引爆核设备，那么美国将从根本上禁止与印度的核合作。

议会基本上不会通过这项协议。正因如此，印度起初没有签署《核不扩散条约》。如果这项《民用核能源协议》会强加类似于《核不扩散条约》那种限制条件的话，对印度议会来说，完全不可接受。印度早先宣布自愿暂停核武器的试验，却不愿意做出有约束力的承诺。

如果面对同一个问题，双方都不能通融的话，你怎样才能使谈判达成共识？当一方将要求降至最低（出于国际安全的考虑），但是另一方还是完全无法接受的时候（出于国家主权的考虑），你怎样去协调各方利益呢？

◎不伤财，不劳神

2007年，美国和印度开始谈判他们的双边协议；2008年，印度总理曼莫汉·辛格（Manmohan Singh）的政府在议会举行的不信任投票中，幸运留任。同年，国际原子能机构通过了防卫协议，而且45国核供应集团也授予其豁免权。2008年下半年，美国国会通过了这项协议，美印两国于2008年的10月10日正式签署协议。

他们究竟是怎么成功的？是一方减少了自己的要求，接受了另一方的逻辑吗？究竟是哪一方大胆让步？事实上哪一方也没有让步。

那是否美印两国签署《123协议》限制了印度的核试验？如果印度进行了核爆炸试验的话，《123协议》有没有相关规定，能立刻终止美印之间的民用核能贸易？没人敢打包票。

2008年10月1日，时任美国国务卿的康多莉扎·赖斯（Condoleezza Rice）向参议院递交了自己的证词，宣称：“我向公众保证，如果印度进行核试验，将会产生非常严重的后果。美国现有法律规定，如果印度果真进行核试验，两国之间的合作会自动中断，同时还会有一系列制裁行动。”[1]

再来看另一边的情况。2008年10月3号，印度外交部部长普拉纳布·慕克吉（Pranab Mukherjee）被问到印度是否要牺牲核试验权来达成协议时，澄清说：“我们并不是要将自愿裁减核试验转变为一种受条约约束的义务，这一点永远不变。”[2]

那事态是如何发展的呢？协议实际是怎样表述的？我们只需知道，2008年10月10日，美国国务卿赖斯和印度部长普拉纳布签署了最终的协议。事实上，《123协议》还有美印两国为了交易签订的协议框架虽说早就构建好了，却故意写得含糊不清。而他们这种缺乏精确性的东西，竟然是早就设计好的：这就是战略性歧义的艺术。

◎战略性歧义

战略性歧义其实存在着一定的风险，但若是择机使用的话，也会有不少收获。之所以说它存在风险，是因为其中存在着某些漏洞，会让不同的谈判方可以用不同的解释来阐述某项协议，我们稍后再来看这个问题。但是多种解释也是很有价值的，这是因为有时候谈判双方其实可以接受对方的要求，你愿意同对方达成共识，但是写在纸上或

---

1. 康多莉扎·赖斯，美国参议院国会记录，2008年10月1日。
2. 《印度将遵守在核测试上单边中止合作的协议：普拉纳布》，《印度时报》，2008年10月3日：http://timesofindia.indiatimes.com/india/India-will-abide-by-unilateral-moratorium-on-N-tests-Pranab/articleshow/3556712.cms.Accessed June 25, 2015.

是宣称的时候，就出现问题了。

面对这种情况，美印两国的谈判代表深刻地认识到，任何一项协议，无论是用何种语言书写，都必须加上双方达成共识的一点，即：如果印度用民用核能源来测试核武器的话，无论他们在技术上达到什么程度，美方都会迫于国际和国内的压力终止协议与合作。所以在这项协议当中，有什么内容，或者没有什么内容，并不重要。事实就摆在眼前，如果阻止不了印度按照自己的意愿进行核武器测试，美国就会终止与印度的合作，退出这项协议。如果能够明白这件事，那么美国对此的回应，是谈判伊始就杜绝印度进行核武器试验的最好时机。换言之，双方的动机清晰明了，坐在谈判屋里的人每个人也都表示同意——而且没有异议。但是，将这个规定以文字形式写在协议当中很成问题。谈判员们讨论了几周，应该用什么样的语言去书写，才能够在约束条件下，双方都欣然接受。所有近似于"如果印度进行核武器测试的话……"这样的表述，印度方面都听着刺耳；但是如果不把这个意思写出来，美国也不可能同意。最终的解决方案，有悖于大多数律师的本能反应：协议表述非常模糊，留给了每方解释协议条款的空间，并且以其拥护者喜欢的方式去阐述此协议。

如果双方都不想在关键问题和原则上，改变自己的要求，做出让步，那么可以使用战略性歧义的战术——语言可以不那么严谨，可以用多种方式阐述——这样的话，可以帮助双方达成协议。

◎如果动机不纯，则战略性歧义会很危险

为了更好地鉴别战略性歧义在谈判者的工具箱中发挥什么作用——也为了有助于勾画可取的清晰界限——我们应该首先将不同种类的战略关系区分开来。有的时候，谈判一方或者双方出于某些动机，而且有能力去占另一方的便宜——并且他们乐意至极——除非一份合同或者一项协议，让这种行为代价高昂或者根本不可能，才能阻止它。如果这样的话，那么在协约当中明确地阐明双方的权利与责任，而且哪些行为是明令禁止的，才是明智之举。若是在这些案例当中，战略性歧义的策略就不适用了。相反，有的时候谈判双方有着共同的利益，这就决定了不管你在不在合同当中写明双方的责任究竟是什么，或者哪些行为举止是明令禁止的，这种关系都能自我维持、互惠互利。那么在这种情况下，合同的表述你就可以灵活点。哪怕有一些不完备，语言模糊不清，若是能帮助解决一些其他的问题（比如那些摆在台面上的问题），倒也不算什么。换言之，战略性歧义实际上是会受到谈判情况的制约的。如果你需要借助一些其他工具来强制对方约束自己的行为的话，就不可以用这个策略。印度外交部部长普拉纳布·慕克吉明确表示，关于民用核能源的谈判符合这个标准——也就是说，这项协议是基于双方的权力与利益，国家内部自主实施的协议。就在签署协议的几天前，他还说："我们有权进行核试验，但是对方也有权对此做出反应。"[1]这种话不适合写在协议当中，但用来说

1.《印度将遵守在核测试上单边中止合作的协议：普拉纳布》，《印度时报》，2008年10月3日：http://timesofindia.indiatimes.com/india/India-will-abide-by-unilateral-moratorium-on-N-tests-Pranab/articleshow/3556712.cms.Accessed June 25, 2015.

给国内的幕后听众倒是很合适。更普遍的一种现象是，若民众认为笼罩在上方的阴霾持续扩散（局势危机），他们有时候倒是愿意接受那些标准，虽然实际上可能是因为战略合作关系而强加给他们的约束条件，即便是这样，也比让他们承认并且将这些条件写在书面当中好。

在确保行为符合规范的其他机制到位的前提下，可以使用战略性歧义。

◎战略性歧义在双方早期关系中的作用

具有讽刺意义的是，在双方想要达成综合协议伊始，但相互间的信任还比较薄弱时，战略性歧义也很有用武之地。反其道而用之，双方可能先达成一个不完善、有歧义的初期协议，这样可以让双方保持联系，直到建立信任。若是在一个跨文化的交易当中，如果其中的一方认为，与对方形成长期的合作关系风险太大，不知道对方以前的资信记录如何，他们应该避免草率地签下承诺性太强的协议，尤其是协议当中出现明显的态度不明的文字时，更容易把事情复杂化。比如，考虑此番情形，X公司从新的制造商Y公司那里采购，但因为还不够了解Y公司，所以X公司并不愿意去签署一个多年有效的合同，或者是做出承诺，让Y公司的投资获得回报。而Y公司也有心理准备，如果期限将至，Y公司未能提供满意产品，X公司就会另寻他人。这样的话，协议中出现态度不明的文字，写得含糊不清，那么其中许多的条款都是为X公司来开脱，可以用多种解释表明X公司对Y公司的命运不负任何责任，而这么做，只会带来消极的影响，迫使双方去应对、争论那些棘手的问题。之所以在某种程度上，将双方关系的本质稍稍含糊带过，而且不明确表明承诺的强度和期限，其实可以给双方带来很大的灵活性和自由性，尤其当他们需要克服谈判初期犹豫不决的心理障碍的时候，从而让他们早期的合作有一种“没有附加条件”的从容感，即便双方都能从善意行为中获益，而且有些规定在原则上容易理解并达成协议。但是这些东西很难精确地用文字写下来，尤其是双方处于一个长期并不断发展的关系的开始阶段。

如果双方既没有建立百分百的信任，而明确的双方互不承诺又不可接受时，战略性歧义可以帮助他们开启关系。

值得强调的是，不管我们遇到所假设的哪种情况，双方之间真正意义上的、长久的相互理解都不能被战略性歧义所替代。如果在关键问题上存在重大分歧，那么战略性歧义不仅不会起作用，反而会使事情更加糟糕。因为考虑到架构法用于解决冲突可能产生的误用现象，我们在此需要详细讨论这个问题。

第五章
架构的局限

通往伊拉克战争的宪章之路

2002年，在乔治·沃克·布什（George Walker Bush）担任总统期间，美国政府极力促成签署联合国安全理事会决议（United Nations Security Council Resolution），裁定萨达姆·侯赛因（Saddam Hussein）统治下的伊拉克（Iraq）政府因拥有大规模杀伤性武器（WMD）计划，而违背了之前安全理事会的相关决议。安理会的成员们一致同意派遣武器视察员，进驻伊拉克境内，核查伊拉克是否遵守联合国的要求。但是事情进展到下一步的时候，争议愈演愈烈。美国联合英国和一些同盟国，强烈要求联合国“授权使用武力”，如果武器视察员真的检查出伊拉克有问题的话，将会自动触发战争，用武力解决争端。法国、德国、俄罗斯，还有其他国家（包括视察员自身），希望给予视察员更多的时间，而实际上他们并不愿意自动触发使用武力这项决议生效。[1]相反，他们还强烈要求，当真的到了不得不使用武力的时候，安理会各方应该再次会晤后再决定。从以法国为代表的联盟国家

---

1. 玛姬法利，《为得到联合国安理会的支持而大力推进作为》，《洛杉矶时报》，2002年10月12日。

的角度来看，如果自动触发战争机制生效，即使没有大规模杀伤性武器计划，战争也不可避免。他们关心的是：伊拉克究竟如何“及时地、无条件且积极地”去证明他们的境内没有大规模杀伤性武器，而不像有的国家所认为的他们撒了谎，掩藏了境内的大规模杀伤性武器。

因此，谈判的核心问题在于可能引发某些让步的实质性问题（武力触发机制）。更重要的是，基于现在的情况，还有一个更深层次的根本冲突，也就是在什么条件下使用武力才是合适的。

◎一则警世故事

各方并没有着力解决核心冲突，而是选择采用一种模糊战术：其实《联合国安全理事会第1441号决议》（*UN Security Council Resolution 1441*）本身并没有明确包含任何自动触发战争机制的字眼，但是在语言表达上，就被美国和其同盟解释为该决议有足够效力授权使用武力。[1]比如，尽管决议上明确表示对伊拉克的军事行动要审慎为之，但是也声称“这是伊拉克信守其削减武器义务的最后机会”。美国驻联合国大使约翰·内格罗蓬特（John Negroponte）表示，《联合国安全理事会第1441号决议》通过后不久，人们发现武力触发机制并不是决议中剔除的唯一字眼：

如果安理会在伊拉克进一步违反决议的情况下，未采取断

1. 更多关于《1441决议》请点击链接: http://www.un.org/depts/unmovic /documents/1441.pdf.

然行动，此决议并不限制成员国采取行动保护自己不受伊拉克威胁，或者是实施联合国的相关决议捍卫世界和平与安全。[1]

如果各方联盟能在对伊拉克是否遵守决议上达成一致的话，就不会有什么问题：各方都期望仅在必要时对是否授权向伊拉克动武进行二次投票表决。但很不幸，没多久，以法国为首的联盟同英美为首的联盟就何种程度算是伊拉克服从决议，还有对“是否有必要及什么时间使用武力进行投票”的问题，产生了分歧。基于这些悬而未决的关乎核心问题的根本冲突，情况就非常明朗了，法国和俄罗斯并不支持马上诉诸武力，并会对此类授权投反对票。与此同时，对于美国的布什政府，一个失败的授权投票比不投票还糟糕。

然而，事态的发展是根本没有对是否使用武力进行二次投票，不顾法国为首的联盟的强烈反对，甚至在《联合国安全理事会第1441号决议》没有明确授权的情况下，以美国为首的联盟国，在2003年3月20日公然对伊拉克发动了战争。安理会各方，无论是法国还是美国，都宣称自己是按照《联合国安全理事会第1441号决议》的相关规定行事的。这次的谈判是失败的，不仅体现在没能阻止战争的发生，而且还导致了对联合国安理会甚至整个联合国更深的分歧及不信任。如果战争无可避免（比如，美国铁定了心要走这条路），使用战略性歧义来粉饰太平不但没好处，而且会使事态雪上加霜。

1. 演讲全文：http://www.un.org/webcast/usa110802.htm.

◎战略性歧义并不是实质性冲突的补救措施

理想地来看，只有当各方能够理解并接受重大问题，语言表达过度精确会带来负担，而歧义则有助于达成协议时，战略性歧义方可使用。然而，有的时候谈判双方没有在实际上达成协议，却选择用战略性歧义，仅仅是想走便捷之路，来冲破僵局，因为有时候战略性歧义会给谈判双方一种“某些程度上也算达成共识”的错觉，这总比没有结果要好。但这是非常有问题的，因为这是以“藏污纳垢”的方式暂时搁置了重大冲突，却给各方造成一种错觉，有价值的协议已经达成。那么当冲突再次浮出水面时，事情就会变得更糟，因为不仅希望破灭，达不到之前的预期，而对于各方在所谓的协议上进行的心理、政治和经济投资都是巨大的消耗。

战略性歧义不能替代在实质问题上达成真正的一致。

◎权衡当下及未来的冲突

战略性歧义是在现在冲突最小化和未来冲突最小化之间做出权衡。如果你想减少未来冲突加剧的可能性，那么战略性歧义的策略并不适合。为了减少未来可能存在的冲突，协议必须逻辑严密、语言严谨，不能模糊不清，要尽最大可能去避免随着谈判的深入，出现对协议的多种诠释。当然，如果你更看重的是打破当下的僵局，希望不要在开始建立关系时就阻碍交易的达成，这时战略性歧义不失为一种解决方案。从这个视角来看，战略性歧义需要下一个赌注——为了换得眼下的轻松，我们愿意接受未来问题的更大风险。正如我们所见，下这种赌注，需要考虑清楚成本和收益，但是其中一条黄金法则是如果在重大问题上存在不可逾越的深度分歧（或者更糟），则一定要绕开战略性歧义。

战略性歧义是在解决当下冲突和使未来冲突最小化两者之间做出权衡。

◎谨防诱惑，不达协议绝不握手

正如《1441号决议》谈判所展示的，各方在未充分考虑未来冲突的可能性时，往往就贸然采取了战略性歧义。我们可以将之归因于他们的战略性目光短浅——也就是说，首先，他们没能充分考虑恶劣后果；其次，有时候也是受激励机制的影响。如果谈判者会因达成协议而受赏，或者因没有达成协议而受责，他们一定会想方设法达成协议，哪怕这个方法存在缺陷。这种刺激因素在商界可能一览无余，而在政界则可能遮遮掩掩。有时幕僚（比如，投票人、高层管理人员、媒体）能更加轻易地判断这项协议是否达成，却难以估量长期的后果，在这种情况下，谈判者们更喜欢采用一些能稀释当前冲突的战术，哪怕这会增加未来纷争的可能性和严重性。

如果达成协议会受赏，谈判者可能会隐藏起那些本质问题，而推动签署这份有瑕疵的协议。

◎歧义协议可能具有寄生性

公平来讲，还可以用另一种更加愤世嫉俗的方式来评判2003年美国和法国之间究竟发生了什么。考虑一下，如果美国和法国最后什么协议也没有达成，没有签署有战略性歧义的《1441号决议》，那将会发生什么？在所有的可能性中，这将意味着即便没有联合国的授权，美国依然会伙同少数的同盟国伙伴对伊拉克动武，它无论如何都会这样做。那为什么还要不辞辛劳地达成这个协议呢？这份协议存在的原因是双方都更倾向于一份含混的协议，尽管这份协议比没有协议更可能造成未来的冲突：即使将有很少的国家参与军事行动，美国也想能够声称获得联合国授权，从而可以“挟天子以令诸侯”；而法国则想竭力避免一个先例，就是任何联合国成员国想发动战争时，安理会可以完全被“越俎代庖”。

这个愤世嫉俗的视角表明，实际上战略性歧义在此例中维护了双方的利益，它们在实质问题上其实并没有深度分歧，即法方和美方都心知肚明，即使没有联合国的支持，美国仍会一意孤行，但是双方又都死抱着一个幻想不放手，那就是联合国没有被抛弃。这会让美国觉得维护了自己行动的合法性，而法国则感觉自己捍卫了联合国的合法性。

假设这种观点千真万确，从谈判双方的角度来看，谈判的失败并不在于不恰当地运用了战略性歧义——实际上他们都算成功了，因为他们都达到了各自的目的。这个谈判的失败之处在于系统层面，有时谈判桌上的双方找到一条途径，双方都可以宣称胜利，但这并不是从大局出发，而是实现了他们自己狭隘的目标，或许恰恰以牺牲其他利益相关者为沉重代价。我们将这种行为——在谈判中所采取的行动是为在场的谈判方服务，却以牺牲谈判桌以外各方利益为代价——称之为“寄生性价值生成”。[1]这种谈判桌各方巧取豪夺而来的价值被称为“寄生的”，是因为这个价值不是通过合作与贸易中的协同效应和互惠互利产生的，而是从他人口袋里窃取来的。

遗憾的是，作为一种“能让各方都开心”的工具，战略性歧义若要发挥良性作用，只能掌握在那些总体上并不想占便宜的人手中，而不是掌握在那些想从协议中获得一己私利的人手中。本例的经验教训对那些要承受未来的负面后果的利益相关者来说更加至关重要：一定要警惕强加给你的协议中的歧义和不完整性。如果重大纷争一直存在，或者其他利益相关者将会承受代价——而如果你无法参与到谈判讨论的过程中，这些信息你需要花费大力气才能获悉——你就需要协议的表述更加精确清晰，或者要求对这些歧义做出强有力的解释。

1. “寄生”一词最初是在这种情况下由詹姆斯·吉莱斯皮和马克斯·巴泽曼记载在他们的文章《寄生一体化：包含失败者的双赢协议》，《谈判》杂志 第13篇，No.（1997）：第271—282页。请参阅迪派克·马尔霍特拉和马克斯·巴泽曼，《谈判天才》，纽约：班坦图书公司，1997年。

充满歧义或不完整的协议具有寄生性，它只照顾在谈判桌上各方的利益，却以牺牲其他利益相关者为代价。

在反思了使用战略性歧义可能造成的潜在问题，以及更全面地回顾了在运用框架之力解决冲突时所应考虑到的相伴相生的情况后，我们要注意到很重要的一点是，在大多数情况下，利用架构之力能够帮助我们打破僵局，而不会带来本章所讨论的各种负面效应。还有一点值得注意，不论是否有人试图影响谈判框架，它都始终存在。不可避免会有一种默认的眼光去评判谈判中提出的方案和做出的选择，但是问题在于一个谈判手是否以及怎样重新架构一个谈判框架，能够达到对各方更有利、更公平的效果——不论是出现在谈判桌上的各方还是会受到谈判影响的他人。

我们长篇累牍地讨论了一个谈判方案或者结果是如何被架构的。在本部分结束之际，让我们更加聚焦，进一步讨论关系本身该如何去架构。谈判双方如何看待对方将会对谈判产生广泛深远、威力强大而又经久不衰的影响。如果你能留意这一点，你将会提早行动，为未来的关系构筑合理的框架。

第六章
先发制人的优势

未打破的和平协议

你知道这是哪个国家吗？美国历史上最久的条约就是同这个国家签订的。美国在国外领土上买下的第一处建筑物也位于此国——而且是在美国本土以外指定为国家历史性地标的唯一建筑。[1]虽然这个国家是美国反恐战争的主要支持者，但是两国之间的军事合作可不是现在才开始发展的。这个国家派遣士兵在第一次世界大战（World War I）中同美国并肩作战，在美国南北战争（American Civil War）时期，也依然坚定不移地支持美国，并帮助抗击南部邦联（Confederate States）。同样，美国一直帮助保护这个国家不受外力干扰和压迫。全球范围内同美国签订“自由贸易协定”（Free Trade Agreement）的20个国家当中，就有这个国家。这是哪个国家呢？

这里还有更多的线索：它位于非洲，人口中99%是阿拉伯人和柏柏尔人，而且99%是穆斯林教徒。在非洲的土地上，它是仅有的两个被美方特指为“重要非北约组织（Non-NATO）同盟国”之一，并且被

1. 全国共有超过2 500个国家历史地标。除了那些在我们国家领土和联邦内的地标，所剩不多是在一些同美国有“自由联系”伙伴关系的岛屿国家境内。

美国提供特殊的军事和经济上的支持与合作，能猜出来了么？

再给最后一个线索：在一部很出名的美国电影当中——当然，这个电影的剧本也广受欢迎和赞许——取景地就是在这个国家最大的城市。这位特殊的美国之友究竟是谁？

那些看过电影《卡萨布兰卡》的历史学家和电影爱好者，可能会占据一定优势，能猜出来这个国家是哪个，并确定地说是位于非洲的摩洛哥王国（Kingdom of Morocco）。但是我们真正想问的是，它是如何同美国保持这种良久的合作关系呢？

◎不伤财，不劳神

1786年，托马斯·杰斐逊（Thomas Jefferson）和约翰·亚当斯（John Adams），同摩洛哥签订了《摩洛哥-美国友好条约》[1]，当时美方的谈判代表是汤玛斯·巴克利（Thomas Barclay），而摩洛哥那方则是穆罕默德三世（Mohammed III）苏丹（国王）为代表谈判。这个条约用阿拉伯语写就，没过多久就被翻译成英文，其中包含25项条款，绝大部分是关于海军和商业贸易事务的。最后一项条款是有关履行条约上义务的期限是多久的问题："据上帝的授意，合同有效期为50年。"但是230年过去了，它仍然有效。条约的序言非常具有乐观主义色彩——但是最终版本的语言非常精确。条约中写到这项协议的签订时间（根据伊斯兰教历计算）是在"1200年舍尔邦月（伊斯兰教8月）25日签订，愿上天保佑，永久有效"。

1. 国会于次年（1787）年批准条约。

签订友好条约只是将摩洛哥同美国差不多有十年的友好关系更为正式化。首先，也是最重要的一点，我们要知道，摩洛哥和美国的伙伴关系始于1777年，那个时候摩洛哥是非洲第一个拥有独立主权的国家，马上承认了羽翼未丰的美国的独立性。同年12月，因为看到了同美国建立商业贸易关系的价值，穆罕默德三世苏丹宣布，摩洛哥的港口将永远为美国打开。但是几年之后，美国政府才对他这项提议做出回应——因为那个时候，美国正疲于应付同英格兰的战争——但是这个回应不仅种下了双方未来友好关系的种子，而且也为几百年来两国的商业贸易打下了基础。

◎先发制人的优势

我们之前也有一定了解，有关架构之力，先行者优势威力强大，不容小觑。框架越早固定下来，就越能影响和塑造后续谈判。在我们讨论默认选项时，也感受到了这一点：由你方确定谈判的最初基调或者用你方起草的协议初稿是非常有利的。我们能发现，美国和摩洛哥这段历史悠久的伙伴关系，是很早就建立起来的，其优先主导框架的作用不容置疑。在商业背景下，在交易谈判过程的最初阶段会构建出多种框架。比如，这包括对双方实力孰强孰弱的感受，究竟需要保持透明还是稍加防范，在评估报价和估值时哪些参照点或者先例是合理的，等等。有先见之明的谈判者深知随着谈判的展开框架的重大影响力，并积极寻求尽早建立对己方有利的框架。

架构之力的先行者优势不容小觑。如果可能的话，从谈判之初就要控制谈判框架。

◎尽早重新构建框架

因为你并不总能设置初始框架，所以你需要快速行动进行评估，并且按你的所需改变框架。就在不久前，我知道的一位赫赫有名的心血管专家，因为想要更改合同里的薪资同他所在的医院进行谈判。他认为医院的CEO知道自己给医院带来的巨大价值，所以他认为这次谈判会是非常顺利的。但是出乎他的意料，医院的CEO在谈判开始就给了他一个下马威，要给他降薪20%。他还拿出了医院的相关数据以及许许多多的文件来证明，现在医院正处于亏本的状态，同样，医生每一台手术也都是赔钱的。这位高层故意列出了各种医院的固定成本佐证自己的观点，却只字不提这位心血管专家为医院的净收益做出了多少贡献，为医院带来了多少价值。每一次他们讨论这个问题的时候，都会纠结于怎样才算公平，以及CEO盈利/亏损分析项目的合法性等，双方争执不下，谈话总是不欢而散。

现在的局势很明朗，如果这位医生想扭转占主导地位的“因为我们医院现在正在亏钱，所以适当削减你的工资也很公平”这个框架，他必须引入一个完全不同的模板作为讨论的基础。因此，下次再聚之前，医生征询CEO的意见，出于对公平的考虑，他希望参考一个客观的第三方分析，来评估他对医院贡献的公平市场价值。很多医院都会使用这种比较分析法来决定医师的薪资是多少，而且也有许多公司会提供这种服务。医院CEO同意他使用这种方法。他们拿到的数据显示，正如医生所预料的，他目前的薪水远远不及他给医院创造的收入。这样做不仅使对话开始转向讨论如何合理地增加薪水，而且也让CEO明白他理所当然应该批准给医生加薪。

如果当下的谈判框架不尽人意，就要尽早重塑新的谈判框架。

◎防患于未然

我们研究发现，摩洛哥同美国保持友好关系这一个例子，其实跟之前我们遇到的案例都不太像。其中一条原因是：摩洛哥苏丹主动示好的做法并不在于要解决同美国当下的冲突和僵局，他意在设计一条途径能预测并跨越未来的冲突。正如早期的框架比后续框架威力更大，预测并规避一个僵局比解决矛盾要容易得多。这个原则不仅适用于管理重大战略性举措，对于更加琐碎的战术性问题也同样适用。

接下来讲一个有趣的例子，在第三次联合国大会讨论关于《国际海洋法公约》（*Law of the Sea 1973—1982*）时，新加坡驻联合国永久代表人许通美（Tommy Koh），主持重要委员会中的一个，负责处理与深海采矿相关的有争议性的问题。在谈判桌上有将近150个国家的代表，他需要想办法去协调各方利益分歧和不同观点。要带领这么一大帮人来讨论每一个有争议的问题绝非可能，因此他需要想办法把讨论组缩减到可控的人数。这件事想着容易做着难，因为每一个人都觉得自己有权利有理由坐在这里。几年之后许通美回顾了当时的情况：

我们要就深海采矿相关合同当中的一些经济条款进行商讨，我们首先把这150个国家代表召集在一个房间开会。与150个国家代表会晤是必要的，因为你需要先进行公众普及教育……告诉他们问题是什么、参数是什么以及各种不同的方案，而且还要向他们每一个人解释一些技术性术语。一旦这一步完成，你就需要把全体会议转变成小型论坛……[1]

但是即使对全组都好，你怎么能排除一些人呢？他是这样做的：

我组建了一支“财政专家组”，而且选了一个最多能容纳40人的会议室，这个会议没有任何限制——因为没写任何人的名字，谁都可以来，但是因为这个专项组——我称之为“财政专家组”，容易让人望而却步。许多同僚都认为自己没有资格参加到这个小组，我也没有去劝他们来加入，或者告诉他们可以来参加，以致很多人都没有来。所以我们就开了一个小型的研讨会，而且通过集体的智慧解决问题。

从他的方法中，我们可以看到，谈判的行家里手都会预见僵局，

---

1. 2014年，许通美大使在哈佛大学被授予“通过谈判方案获取的谈判成就代表奖”，由哈佛大学法学院评判授予。此番在小组讨论中，也算是伟大的谈判家事件活动的一部分。

创造条件避开直接对抗，当然，也不会让他人觉得自己不受重视，或者有弃权的意味。与其要求人们离开谈判桌，不如在一开始就构建一个能拦住他们参与进来的框架。这就提醒了我们，千万不要等到冲突爆发的时候，才想起来要去思考框架的构建、眼光、幕后听众问题和战略性歧义等。如果谈判双方正处于相互碰撞的阶段，最好的办法是先将双方分离开来，也比后来一点点去修复双方的关系要好。

我和我的同事最近正在讨论下面一种情形：因为一个族群当中有两个派别正处于敌对的僵局之中，所以要在族群中派遣一个人来督促各方尽量用和平的办法解决问题。我们知道，其中一派的一位领导者，他非常自信地认为，自己能够被选中。在他看来，他是这个族群的法定领袖，而且他也配得到这个显赫的职位。但问题是，现在有别的派别持反对意见，这种冲突也是他们各种派系之间暗斗的主要原因。这位领导者的权力过大，不容人忽视，而他可否选到这个位置存在着很大的争议性。

在我看来，应该选出一个各方都信任的人来担此重任。我的建议是，在与各方讨论职位细节之前，我们就应该对头领的角色重新架构和界定，让它不再是权威和地位的象征。如果这个角色让人感觉更具官僚色彩，且水平很低，我想没有谁会愿意为之而战。

冲突易造，解决很难。有时候，应用多种方法去构建好某些决策，尽量不要让双方在一开始就分庭对抗。

◎构建框架的高杠杆时刻

无论是摩洛哥还是《国际海洋法公约》的案例，都强调了一个谈判中普遍但容易被忽视的因素：在谈判各方必须经常面对的重大问题和决策中，往往还有一些看起来不太起眼，不算紧急，似乎更简单的决定，往往会对谈判的结果造成巨大的影响。就拿许通美来说，鉴于整个谈判的重大性，将一个大型的全体会议缩减成为一个小的工作组，算不得一个特别值得注意的举动。而对于摩洛哥苏丹，当时也并非紧要关头，需要他接近美国，进而快速建成和平关系。然而，从这两个案例中我们可以看到，如果你先发制人的话，在需要反应之前的这些小小的、提早的举动往往就规避了潜在的冲突。

这几个例子并不是说明我们要去关注谈判中每一个小小的决定，然而有一些虽然看起来微小但意义重大的选择，必须要严肃认真对待。我将这些称之为谈判中的“高杠杆时刻”——相对来讲不必大动干戈，但是会对框架产生积极的影响，同时也会增加你成功的概率。这种高杠杆时刻会出现在谈判的早期，或者双方友谊搭建的早期，那个时候各方都想抢先构建框架，而且也有可能灌输给你一种理念，即每个决定都意义重大。美国与摩洛哥建立关系之初的一个小插曲就强有力地佐证了这一点。[1]汤玛斯·巴克利在同摩洛哥谈判友好条约的时候，摩洛哥的苏丹认为自己应该收到一个礼物——那种能够保障两

---

1. 接下来所说的根据的是美国国务院所保留的历史资料中有关美国对摩洛哥的外交事务的内容。《美国同摩洛哥——良好关系的开始》，详情见： http://morocco.usembassy.gov/early.html, Accessed June 25, 2015.

国之间协议实施的信物。对此，巴克利回应说，美方能够为两国之间关系提供的信物，就是与美国发展建立在平等基础上的友谊。巴克利说，如果苏丹不接受的话，这个条约他就不签了，直接打道回国。在这个小小的高杠杆时刻，摩洛哥苏丹还是退让了，并且同意在平等基础上建立关系。对于一个日后发展成为世界头号强国的国家，这个举动可谓万分明智。

提早行动会对谈判产生持续累加的重大作用。寻找成本低廉的机会强力影响框架，确立对关系合理的预期。

第一部分课程总结　架构之力

· 控制谈判架构。

· 要给对方留有余地。

· 在协议风格和结构上理智做出让步，可以避免在实质问题上做出太大牺牲。

· 注意协议的观感：对方的幕后听众是怎么看待这个交易的?

· 帮助另一方向自己的幕后听众交差。

· 要在保障自身安全利益的基础上接受对方在观感上的求助。

· 避免单议题谈判：适当增加问题或环节，拆分单议题谈判。

· 要多个议题同步谈判，而不是一个一个地谈。

· 要分散注意力，避免过于突出一个问题。

· 如果仅仅只有一个议题，尽量拆分为两个。

· 揭露双方潜在的利益：双方矛盾的各自需求有时候可能会将共同的利益隐藏起来。

· 在本质上要坚定，但在结构上要灵活：我知道我要什么，但是我可以用灵活的方式去达到我的目标。

· 适当的放松能够达成短期的目标。

· 掌握适恰性逻辑：如果对方处于我的情境会怎么做?

· 通过社会认同感来增加适恰性。

· 如果将一个方案作为不二之选的话，犹如一把双刃剑。

· 将你方方案架构为默认选项。

· 如果有一方起草协议或者流程的最初版本，他就赢得了筹码。

· 为对方的评估选一个合适的参照点。

· 要时常去证明你的提议是否合理，但是不要为此道歉。

· 战略性歧义能够帮助冲破僵局，尤其是双方都不肯让步的时候。

· 其他机制到位能够保证双方都遵规履约，才能使用战略性歧义。

· 战略性歧义可以帮助双方克服最初互不信任的障碍。

· 战略性歧义不是实际冲突的补救措施。

· 战略性歧义要在当下冲突和未来冲突中做权衡。

· 如果达成协议会受赏，谈判者可能会隐藏起那些本质问题，推动签署这份不太完美的协议。

· 含糊不清的协议是寄生性的，会损害谈判桌以外的他人的利益。

· 学会先发制人：尽早控制谈判框架。

· 如果当下的谈判框架于己不利，要尽早重塑新的谈判框架。

· 最好防患于未然：决策构建方式尽量让人们避免正面对抗。

· 构建关系之初，我们应寻找一种代价较小的方式创建框架，为关系发展奠定良好的基调。

第二部分
流程之力

好消息是，隧道的尽头就是光明——坏消息是，这儿压根儿没有隧道。

以色列前总统西蒙·佩雷斯（SHIMON PERES）

第七章
流程之力

美国宪法谈判

美国为了独立而与英国打了八年仗，最后英美两国于1783年签署了《巴黎和约》（*Treaty of Paris*），战争才得以正式终结。当时，《邦联条例》（*the Articles of Confederation*）作为美国国家治理文件沿用了六年。[1]该条例赋予中央政府的权力并不多，但13个州却有着极高的主权，条例中甚至表明了这13个州之间的关系只不过是“相互间的友谊联盟”罢了。这不足为奇，因为这个联盟就是由脱离了遥远君主的集权，获得了自由的人们所建立的。但是不久，邦联制的问题就出现了。时任美国陆军总司令的乔治·华盛顿（George Washington）在战争期间亲眼见证了战争的失败。国会无权收税，各州也不乐意提供资金，军队工资和国外战债因此无力偿付。战争结束后，情况更糟了。由于国会形同虚设，国会代表来无影去无踪，就算偶尔凑够法定人数，也几乎一事无成。甚至通过提高税收以偿还战争负债的法案也通不过，并不是因为多数州不同意，而是《邦联条例》给予了每个州

---

1. 直到1781年，法案才被13个州正式批准。

一票否决权。1786年，还是一项类似的法案，美国罗得岛州（Rhode Island）一票否决，其他12个支持的州只能干瞪眼；1787年，纽约州也用了同样的路数。

太多事实表明《邦联条例》有致命的缺点。1787年，引起广泛关注但有些短命的谢司起义（Shays' Rebellion）就是一个例子。当时，马萨诸塞州（Massachusetts）的农民对经济状况不满，发动了起义，使得这个年轻的国家饱受经济和政治问题的困扰。不久之后，一些州同意派代表去费城（Philadelphia）参加制宪会议。对外公开的会议目标非常低调：仅仅考虑修改《邦联条例》。如果这次会议太过招摇，被认为改革家们想趁此尝试让政府改头换面，并收走各州的权力，那各州是不会派代表参加的。但事情就是这样发展的。

尽管一个人在某些历史事件中的作用或许被夸大，但是费城那次制宪会议中，詹姆斯·麦迪逊（James Madison）确实是为数不多的重要角色之一。从各个方面来讲，他们当时的处境都非常艰难。麦迪逊身高1.6米，体重也才45公斤，看上去个子不高，力不足。他害羞腼腆，有时在辩论时讲话声很小，得竖起耳朵才能听清，这样的他一点也不像富有感染力的演讲者。36岁的麦迪逊既不是战争英雄，也不是重要的国家人物，更不是他的故乡弗吉尼亚州（Virginia）的高级代表团成员。而最大的问题就在于，当时美国民众普遍不太支持这次重大改革，而且让州立法机关大幅削减自己的权限，更是想都不要想。但就在会议结束时，与会代表却起草好了整部新宪法，把大部分的权力重新归于新的中央政府。这次制宪会议取得成功，大部分都归功于麦迪逊的努力。1788年，绝大多数州（13个州里有9个州）批准通过了这部宪法，次年初这部宪法成为国家最高法。这是怎么做到的呢？

◎看似不可能的谈判

麦迪逊的卓越贡献使自己成了“宪法之父”。1787年夏天他在辩论中发言两百多次，在许多与会代表抵达费城之前，他就已经准备好了各种事宜，这也是他能达成目标的原因。其实会议开始前，麦迪逊就已经影响了议程的发展。[1]

麦迪逊于1787年5月3日抵达费城，当时离会议开始还有11天。正如他的性格，他是第一位出现的参会代表。乔治·华盛顿是弗吉尼亚州人——也是当时这片大陆最受欢迎的人——他在会议开始10天前就抵达了费城，也是全员之中第二个抵达的人。5月14日当天，麦迪逊和华盛顿抵达会议大厅时发现，除了几位宾夕法尼亚当地人以外，他俩是剩下12个州里唯一来费城参加制宪会议的人。麦迪逊结合实际，预感到会议可能要推迟，他马上投入到工作当中。正如麦迪逊所见，他手头的任务，就是说服各州代表全盘否决《邦联条例》。更确切地说，现在任何一个州都可以在国家要务上擅权，麦迪逊要让其他代表明白这样的政府体系有潜在的致命缺点，而新的体系，则要把权杖交给国家政府。

麦迪逊知道，他推崇的这次巨大变革所面临的最大障碍，就是

1. 更多细节请参考：理查德·比曼，《普通诚实的人：美国宪法的制定》，纽约：兰登书屋出版社，2009。

当前所默认的法律生效程序：《邦联条例》将会是谈判话锋的起点。只要条例作为修改的模板，那关于如何合理组建政府的讨论就会被强有力地锚定，而不会有什么进展了。“我们该如何修改《邦联条例》？”如果会议流程基于这样的问题进行，那不会带来什么改变，远远不及基于“什么是最佳的政府体系？”的流程的推进力。因此，需要改变谈判流程。

麦迪逊和来自宾夕法尼亚州和弗吉尼亚州的乔治·华盛顿以及其他志同道合的代表开始起草替代旧版条例的文件，并以此作为谈判讨论的起点。这就是后来为人们所知的“弗吉尼亚计划”（Virginia Plan），其中包含15项决议。尽管美其名曰是对《邦联条例》的修订，但实际上把州与州之间原有的契约颠覆了。提议中包含的思想有：国会代表各州按比例分配，权力归属美国公民而不是各州立法机关；行政部门具有否决权；提出了三权分立的纲要；对于与国家利益相悖的州法，国家立法机关有权否决。最聪明的是，麦迪逊料想到州立法部门会阻挠变革，还同时修订了批准新宪法的流程：不是由州立法机关发起修宪程序，而是由各州人民专门成立集会发起。[1]

如果不是麦迪逊在到达费城之前提前做好周全准备，即使天才于1787年5月在费城齐集一堂，他们也无法在短短时间内起草出这样一份文件。就在一个月前，也就是1787年4月，麦迪逊花了大量时间对不同政府形式的历史做了全面细致的研究，甚至追溯到了古希腊时期。他撰写了一份名为《美国政治体制中的恶习》（*Vices of the Political*

1. 更多细节请参考：理查德·比曼，《普通诚实的人：美国宪法的制定》，纽约：兰登书屋出版社，2009。

System of the United States）的文章，全面批判了现在的政治体系，当然也讲到了问题的解决办法。是年5月，弗吉尼亚和费城参会代表阅读了这篇论作，它不仅成了之后“弗吉尼亚计划”的核心部分，而且为制宪会议的改革奠定了基础。

5月25日，制宪会议终于召开。就在四天之后，弗吉尼亚州长埃德蒙·伦道夫（Edmund Randolph）提出了“弗吉尼亚计划”。大家反应不一，有的表示强烈支持，有的表示震惊和气愤。但是木已成舟，所有辩论都围绕该计划展开。大家的辩论内容不再是讨论《邦联条例》修改内容的合法性，而是支持还是反对“弗吉尼亚计划”。各方在几个月前就已经做了许多妥协，但随着每日议程的推进，《邦联条例》被抛诸脑后。

◎掌握谈判流程策略

真正体现麦迪逊才情的不仅仅是他的准备程度，而且在于他所关注的重点。大多数人都知道如何为最终谈判的实质内容做准备，但麦迪逊明白安排流程能够为谈判增加筹码，从而最终决定实质性的讨论能否进行，讨论的时间和方式也会因此敲定下来。最明显的例子是，麦迪逊在会议开始之前就尝试重新设定讨论的起点，并尝试建立同盟。如果他没有干预流程，这项谈判或许会以截然不同的方式呈现。另一项非常重要的流程要素，对麦迪逊来说也非常有利，是“封口规则”（the gag Rule），代表不对外公布辩论内容，免受外界干扰；如果信息在谈判过程中被提早泄露，那么代表们就很难将这个具有争议的制宪会议工作持续推进了。如果不细致考虑这些流程要素并安排妥当，那么辩论的起点——也包括其结果——都会有所偏差。

谈判的实质是谈判各方想要获得的东西。谈判的流程，是谈判各方如何从当下所处环境中得到想要的东西，并达到理想的条件。在之前的章节中，我讨论了只纯粹关注谈判实质内容而忽略框架的设定所带来的困境。在本章节中，我将对流程做相同论证：对于谈判实质，如果不重视流程，即便是最杰出的策略，也会使谈判受挫。这里列出一些流程要素供你思考和安排你的谈判：

- 谈判将要持续多久？
- 谁会参与？以何种身份参与？
- 议事日程有什么内容？以什么顺序讨论问题？
- 谁来起草初始提议？
- 公开谈判还是私下谈判？
- 在谈判之外，何时、如何报告流程？
- 如果有多个谈判方或多项协商议题，我们是设置一个流程框架还是多个流程框架？
- 所有谈判方会同时坐在一间屋子里吗？
- 面对面谈判还是采用技术手段进行谈判？
- 计划安排多少次会面？
- 如何处理主要的谈判僵局和问题？
- 是否有外部观察员和调停者？
- 如果谈判有最后期限，是否具有约束力？

· 什么样的事件会提供谈判动力，并让谈判流程按照规划进行？

· 如果谈判未果，那么如何重新安排谈判方会面？何时会面？

· 哪一方需要批准谈判协议？协议获得多少支持才算通过？

大多数谈判当中，以上部分（或许多）因素都是预先设定好的，或者有适当的预设流程（这些默认流程是由其他谈判方的先例和行动决定的）。但正如我们所看到的，不能盲目使用默认流程——我们可以重新安排流程，使其对谈判有所助益。上述情况，只有在谈判者提前评估了所有重要的流程要素，并对新替代流程能否促进或阻碍谈判进程进行评估后，才会发生。

掌握谈判流程策略：你将如何从眼下所处的位置达到你未来想达到的位置？考虑那些将影响实质性谈判是否发生以及何时和如何发生的因素。

◎莫忽视实施流程

美国宪法的案例中，流程的关键作用甚至在制宪会议后仍能显现。各州能够批准通过新宪法，主要归功于所采取的流程。回忆一下，许多州政府一开始不赞同新宪法带来的变革。另外，许多新宪法的诋毁者一度认为，制宪会议的代表们越权了，给予国家政府的权限过高，而个人权利没有得到充分保障（此问题在后来的《权利法案》中有所补救）。

对于未参加谈判的人士，改革方案肯定会让他们震惊，你怎样才能让他们支持改革方案呢？所幸的是，对于麦迪逊和其他宪法支持者（将他们称其为联邦党派），批准流程专门为反联邦主义者们量身打造，帮助抵御来自他们的反对。第一点，也是至关重要的一点是，根据美国《宪法》第七条，13个州当中只要有9个州批准，宪法即能在这些州生效。尽管事实是，之前《邦联条例》（如今为新宪法所取代）的修订需要13个州全票通过。第二，批准流程需要经由专门成立的州审核大会，而不是现有的州立法机构。第三，只赋予代表们一种选择权——投“是”或“否”——且不能对《邦联条例》的修改提出其他意见或要求谈判。第四，出于战略考量，联邦党派迅速让支持宪法的5个州提前投出赞成票，这样，持观望态度的州代表们会更容易做出适当的选择。当然，做出重大让步是为了争取到一些州的支持——尤其需要达成共识的是，在新宪法之下，《权利法案》要从第一届国会开始生效实施。很难想象，如果没有正确的流程，联邦党人怎么能取得成功。如果方案需要大家的一致同意才能通过，那么连代表都没派去的罗得岛州，肯定会投反对票，这样所有努力也都前功尽弃。如果这些州要对不同版本的宪法投赞同票，或者为了获得让步而重启辩论，那么肯定最后变成僵局。同样，如果反联邦党人有时间有组织地对宪法提出挑战，那么事情的结果可能会大相径庭。

只有达成交易的流程策略是不够的，你还要对实施流程进行战略布局。成功地实施流程需要什么？如何获得足够支持以达成协议？如何确保协议获得通过？

◎准备充分，威力无边

麦迪逊显然知道，成为谈判室里最有备而来的那个人是多么重要。正是由于这样的品质，才促使他在制宪大会开始前便开始进行学术研究，并联系其他弗吉尼亚州的代表，通知他们提早参会，起草“一些关于制宪会议工作的文件”。他把这样的素质同样带到了会议中。乔治亚州的代表威廉·皮尔斯（William Pierce），凭借为其他参会代表画人物速写而出名，他如此评价麦迪逊：“辩论中他总是作为对每个谈判点都了如指掌的人挺身而出。”

在一些复杂的交易谈判场合，如董事会、销售、诉讼、职工会议上的晋升讨论等，为谈判做好充分准备的好处显而易见。在上述场合当中，有的人不做任何准备，有的人做了充分的准备，还有人则万事俱备以应对任何情况。在非常重要的场合下，你并不想成为上述任何人。你要成为麦迪逊那样：对所有事实了如指掌，能够预测其他谈判方的论据和保留权益，仔细审视过己方观点的优势和劣势。这种人是最难被忽视或摆布的，也是最容易引起别人敬重的人，而且轻而易举就能有效影响或者重新规划谈判流程和实质性内容。

做谈判室里准备最充分的人。知晓事实，预测观点，还要了解自己的弱点。

在接下来的章节中，我们会深挖流程的重要性，发现重要的谈判原则，这些原则在你进行谈判和解决争端时要牢记心中。正如我们在本章节所看到的，正确了解谈判实质固然重要，但是流程出错是非常致命的。而且，在下一章节就会讲到，适当考虑流程要素是不够的，要提早关注流程，这样才可以避免难解的僵局和糟糕的冲突。

第八章
巧用流程之力

违背千万美元合约

1983年，太阳微系统公司（Sun Microsystems）还处于起步阶段，公司两位联合创始人维诺德·科斯拉（Vinod Khosla）和斯科特·麦克尼里（Scott McNealy）当时正着手准备筹集1000万美元资金。[1]在考虑过许多办法后，最后决定找一位战略投资机构为他们融资，这是一家《财富》100强公司，他们认为投资太阳公司研发的技术能够获益，而且投资规模不用太大。[2]科斯拉和麦克尼里与这家公司的CEO坐下来谈了谈，之后达成了一致：这家投资机构为太阳公司投资1000万美元，融资后企业价值为1亿美元。[3]双方握了手，并约好接下来的一周在芝加哥继续会面以敲定投资合同条款。

科斯拉和麦克尼里从旧金山飞到芝加哥，他们以为这次简短会面只用把剩余的合同条款定下来就行了，大部分内容都是标准条

---

1. 维诺德·科斯拉在2014年10月同作者私下沟通过。

2. “金融投资者”是将全部的希望寄托在未来能有良好回报上。但“战略投资者”还对投资的经济结果感兴趣，而且也能看到同目标公司保持伙伴关系能带来的额外利益。

3. 这类投资的两个关键考量是（a）投资钱数以及（b）对公司的股价所达成的共识。这两个因素合并来看，就能确定有多少持有权转移给了投资者。在太阳公司的案例中，因为投资者投资了1000万美元，所以会得到10%的股权，但后来再次投资之后发现，价格已经超过了1亿美元。

款。令这两人意想不到的是，CEO带了一帮银行家和律师出现。很快他们发现，这些银行家和律师掌握了话语权，而且得重新谈判，之前的那次谈话貌似从未发生过。就这些投资者而言，太阳公司的投资规模和价值完全就是待价而沽的状态。

科斯拉和麦克尼里只好推测当时的状况。难道CEO从没把之前达成的“一致”当作最终结果？那些银行家和律师难道想通过签署更好的协议来证明他们存在的价值？在谈判桌上是否有这样一种认知，太阳公司对获得这笔投资表现得太过执着和急切，因此不会拒绝最后一刻的所有要求？

而事实是，如果逼得紧，科斯拉和麦克尼里是愿意做出让步的。但是同意推倒重来，那代价是很大的——无论是经济上的还是原则上的。那么科斯拉和麦克尼里该怎么办呢？

◎不伤财，不劳神

科斯拉回想他的行动计划：“我压根儿就没想要问他们的心理价位是什么。我没想往那个方向走。我只想严格按照流程走，绝不让步。”科斯拉告诉投资公司带来的团队，他认为确定的条款已经谈妥了，而且不想就此再重新谈。但是，他预想到对方可能想不到他会做这样的回应，便给他们时间来重新组建团队并讨论相关事宜。他发去的信息大致如下：“我们之前已经谈妥了一些事情，那就以谈妥的事宜为起点开始吧。如果这不是你们想要的，那么我们需要从更加本质的角度谈谈我们的合作关系。我们想到一块儿去了，还是想法出现了偏差？各位为何不内部讨论一下再告知我们：双方之前真正谈妥了吗？”

太阳公司的联合创始人离开了房间，好让投资者们仔细考虑这些问题。过会儿他们回来了，发现并没有什么变化。从对方的观点看，具体投资金额还需要继续谈判。

由于对方的强硬策略变本加厉，科斯拉和麦克尼里根本没法扭转。或许他们已经铁了心，觉得上周的协议太过慷慨了。但真正的问题也可能是对方组织混乱，或者没人做好马上让步的准备，尤其是当着CEO和太阳公司团队的面。这给科斯拉和麦克尼里留下了仅有的两个选择。一个是接受压价，完成交易。但是科斯拉和麦克尼里还是决定做第二个选择——他们告诉对方的CEO，说很乐意在上周谈妥问题的基础上继续谈判，但是如果今天无法继续的话，他们只好无疾而终，离开芝加哥。

也就是一小时后，科斯拉和麦克尼里就在回旧金山的路上了，交易也没谈成。他们下定决心，在回旧金山之后也没给投资公司的CEO打电话。如果他们能很好地明白双方的利益，那么价格问题就不会成为对方不能通融的条件。科斯拉回忆道：“估价对我们来说意义重大。我们想要的只是最好的价格，这对他们来说不是什么大数目。失去这次交易确实很痛苦，但不会置我们于死地；但是我们觉得，他们还是需要我们的。”

冷处理的方法奏效了。几天后，那位CEO给科斯拉打电话说愿意围绕原始条款继续谈。这一次，双方会面谈妥交易时，再没有发生什么意外。[1]

---

1. 交易中一切事务进展顺利。又经过了27年的发展，太阳公司以超过70亿美元的价格，最终被甲骨文公司收购。

◎在实质谈判前先搞定流程

是什么导致了这次矛盾？从普通谈判、复杂交易，到持久的冲突，我发现有这样一种倾向：太急于达成协议，从而忽视了流程上的统一。当然，这两样都是必要的。但到了重要的谈判时刻，对流程的考虑就得（在很大程度上）先于实质性交易：谈判流程先于实质内容。

想想看：你和对方谈判了几周，竭尽全力后，你以为谈妥了，你坚持到现在，还是决定做出最后的让步，对方给出了更加严苛的条件，你也同意了——你下这步棋，只是为了达成协议。你让步，对方却回应道："谢谢，这太有帮助了。我十分赞赏你们的灵活性。现在，我需要和老板谈一谈，看看他是怎么想的。"然后你就坐在那儿，一脸错愕，心想："什么？你们还有老板？我以为我们早就谈完了。我已经捉襟见肘了。"这种典型例子中所犯的错误太普遍了：进入到谈判实质之前，没能谈判好流程。

谈判流程需要评估默认流程（或对方提议的流程），如果必要而且可能的话，还要对其重新调整。这个过程还需要问问题，提假设，讲需求，按照你所铺设的谈判轨道，从当下达到谈判的目的，从而尽可能达成共同理解。我们如何从这一步走到下一步？影响谈判轨道和速度的因素都有哪些？如果没能有效谈好流程，会导致之后的谈判实质发生错误，比如不合时宜的让步，考虑欠妥的需求，或在不同谈判轨道或者渠道间切换时的协调失灵，也可能导致出现不能预测的谈判阻碍，比如谈判期限、政治或官僚壁垒以及搅局行为。

谈判实质之前先谈流程。在进行深度的实质性讨论或做出让步之前，先理解并影响谈判流程。

◎在流程上与对方同步

即使你们已经谈妥了流程，也不意味着可以高枕无忧了。即便谈判开始就在流程上达成了一致，而有时谈判各方对具体所处流程的哪个阶段的理解也会发生分歧。比如，甲方可能觉得协议快要达成了，所以放弃了其他选择，但是乙方觉得还有周旋的余地。在太阳微系统公司具体的案例中，冲突的根源可能并不是有价格的问题，而是在流程中缺乏协调性，对太阳微系统公司来说，没有必要继续做出让步来获得投资。投资公司CEO态度大转变的背后到底有何目的，科斯拉还是无法理解。无论是在谈判最后尝试妥协，还是就“一周前就已经达成了协议”问题的不同看法，教训都非常明确：根据流程中你所处的阶段来调整预期。

流程不一致会使交易脱轨。对于谈判已经达成了什么，之后的谈判路径是什么等问题，要尽早确定，并时时保持一致。

◎寻求清晰透明与承诺保证

假设目前你能根据自己的偏好制定流程，但显然，事情不总是这样如愿。就我的经验来看，即便你没办法安排好流程，但还是能够从寻求清晰透明和承诺中得到些许成果的。即使谈判者没法改变流程，清晰透明（充分理解流程）和承诺（确保遵照流程）还是能够帮助谈判者实现更好的结果，避开战略性和策略性的错误。

所有类型的谈判都是同样的道理。比如，银行家在跑资产销售（比如公司），他们对于自己设计的谈判或者拍卖流程都有非常多的选择和很好的把控（例如：要竞标多少轮，什么条件下刷掉投标者，披露什么信息以及何时披露，等等）。如果我是坐在谈判桌另一边的人，即便我影响流程策略的能力有限，但若没能搞清楚流程，没有尽可能保证谈判不会向不利于自己的方向发展，都是大错特错的。对于客户组织怎样才能决定购买或合作这样的问题，有的销售人员和战略交易者没有对其进行透彻的研究，因此，即便他们没有机会影响流程，但还是把自己放在了不利的位置。在不太复杂的情况当中，人们经常会放弃收集可行的有用信息——比如，某位求职者没有研究雇主需要多长时间来做出聘用决定，或者户主对重新装修需要的时间和造成工程延期的因素都没有清晰的了解，等等。

即便你无法影响流程，也要尽可能弄清楚流程，保证落到实处。

◎让流程标准化

如果你根本没谈谈判路径或者对此含混不清，你可能在之后的流程中遭遇意外打击。你自己明白流程是不够的——对方也得清楚才行。如果你不明白流程，你会成为那个承受后果的人。为什么呢？如果你亲历过或者参与过调解过程你会知道，争议当事人之间苦大仇深，调解人在会面一开始会说非常重要的话，这话你也一定听过。一个好的调解人会在调解程序早期就做出如下告诫：

> 今天你们讨厌对方是吗？在接下来的几周里面，我们得在一块处理一些棘手的问题，根据我的经验，我可以这样告诉你，在三天的调解过程中，你会前所未有地讨厌对方。到那时候，希望你能明白：这再正常不过了。

为什么调解员会对争吵中的夫妻、邻里、生意伙伴或者其他彼此树敌的人说这些？想想看，如果调解员不发出这样的警告会发生什么。在调解过程的几天时间里，当事人各方的关系越来越紧张，也会产生极端情绪，他们拒绝讨论那些严肃的问题，目的就是避免这些紧张和极端情绪。他们推断事情只会变得更加糟糕，而不是变得更好，他们还会想：“这些流程根本没有用！”他们还可能集体退出调解流程。但如果调解员提前就告诉大家极端情绪的出现是正常的，在棘手的调解中，谈判双方若想化解矛盾，都不可避免地要经历双方关系进入更深低谷的过程，这样，他们才更能跟上调解流程的步调完成谈判。

调解员的策略对于其他所有类型谈判都非常重要。对谈判者来说，尤其是在接下来的谈判中可能遇到困难或不确定事件，至关重要的一点是要为谈判各方制定一个标准化流程。让他们事先了解将会发生的事情——好的事情，坏的事情——接下来的几天、几周乃至几年可能发生的事情。如果你没有按照这种方式管理好预期，那么第一次出现问题的时候，当事人就会质疑你的能力和意图，或是对流程的可行性产生怀疑。这种问题在所有管理不当的销售环节中都出现过：联合创始人之间糟糕的对话，跨文化商务谈判，政府与武装叛乱分子之间的谈判，等等。在上述每个案例中，即使没有对谈判预期管理不善的效应，这些谈判本身的难度就已经很大了。什么会推迟或干扰谈判进程，哪些意外事件是不可避免的（但是可以解决的），为什么事情会脱离计划发展……如果你弄明白以上问题，并据此对流程进行标准化，对于对方对上述情况的反应就更易于管控。

流程标准化至关重要，这一点不仅体现在谈判中，也会体现在你的利益相关者身上。如果你冒着预期风险，为达成投资计划，或者为获得之后的全面胜利而牺牲当下的准备过程，那么有一点非常重要：你的利益相关者（投资人、董事会成员、雇员、选民、同盟、媒体、公众、粉丝等等）不仅要知晓你在干什么、为什么要这么干，还要了解谈判路线是怎样的，谈判过程中是什么感受，每天你的进程如何，以及你的计划是什么。即便最明智的策略也可能遭遇批评者的指责，但如果谈判者没能让自己的利益相关者充分了解所要经受的整个流程，最终难为的还是你自己。

让流程标准化。如果其他谈判方知道预期是怎样的，他们就不会反应过度或者把怀疑和推迟、中断谈判的行为看得太过严重。

◎鼓励对方为你将流程标准化

你为谈判各方制定一个标准的流程，这一点很重要，但同样重要的是让他们也为你制定一个标准的流程。如果双方未对可预见的问题进行讨论，对任何一方都是有百害而无一利的。如果对方在你跟他们这样的个人、组织或者国家谈判时，向你列明了各种普遍的破坏谈判的情形，那么事后如果真正出现了这些情况，你也就不会严厉苛责他们了。而且，当你遇见了会出现的潜在问题，你才会有能力拿出解决办法应对类似事件的出现。

让对方讨论这些问题并不总是一件容易的事。人们不能对潜在麻烦随时做好准备的原因在于，在协议签署之前，每个人都还处在“销售”模式。销售人员、求职者、雇主、企业交易者、外交人员等，都希望对方“同意”合作，他们的动机是让这个过程顺利进行。特别是当他们的交易竞争对手不是那么直截了当时，他们并不想花太多时间推敲所有事情变糟的可能性，因为他们唯恐交易会失败。这就是为什么你有责任对在谈判流程中可能出现的问题与对方进行坦诚的沟通。以我的经验来看，你能向对方保证自己有足够经验，知晓所有长期谈判和富有意义的关系都会有破裂的可能——讨论风险因素会增加而非减少完成交易的可能性——越是这样，对话越可能硕果累累，在未来也会为双方带来更多有益价值。

鼓励对方为你做到流程标准化——并且让对方这么做时有安全感。

◎即使对方拒绝清晰透明和郑重承诺，也能提供有效信息

当然，你要求对方弄明白并讨论可能出现的潜在问题，无法保证对方肯定会答应你。但即便对方不愿给出特定问题的答案，你还是能得到一些信息的。在流程中，如果协商或争端的另一方就流程方面不愿给你合理的答案，你还是能发现这其中反映出的一些问题，对方是否有不良意图，他们是否缺少准备，是不是在保留选择机会，等等。至少，这让你在做交易的时候能够更加谨慎。

即使对方不愿提供对流程的清晰界定和郑重承诺，你如此要求也是有价值的。与其错误地假设谈判会像你希望的那样发展，不如早些认识到对方根本没有承诺从而依此做出调整。

◎减小对方食言的可能性

另一个风险是，你的谈判伙伴明确了流程，也承诺遵照流程进行谈判，但还是会反悔。我想每一位谈判“老手”在不同节点上都遇到

过这种情况。目前，我发现即使在非常难办的冲突中，如果人们意识到维持公信力是有价值的，他们就会信守诺言。他们能否坚持之前的承诺，还要取决于他们在什么情况下做出的承诺：是否是亲自做的？是否清楚明白？是否毫不含糊？是否公之于众？很多时候，未能实现的承诺都是这种情况：（a）承诺是由他人做出，而不是由真正食言的那个人做出的；（b）通过暗示做出的承诺，而非明确地声明；（c）承诺的表述模棱两可；（d）关起门来私下做出的承诺。为此，我们得到的承诺最好都已经落实清楚。当动机改变，就算善意的那一方也可能因为诱惑而食言，他们可以为自己开脱，说自己并不是做出承诺的人，或者声称意图表述不明确而促使他们改变了主意。

如果承诺系本人亲自做出，清晰明确不含糊，而且公开透明，那么食言的风险才会低一些。

◎对方食言：我们何时以及怎样离开

谈判中你尽力了，但是对方未能信守承诺，你该怎么办呢？感觉流程被破坏，你该如何应对呢？科斯拉和麦克尼里本来谈得挺好的，但流程被打破后如果当即叫停，是明智之举吗？或者准确点说，何时出击才是最佳的时机？你该怎样做呢？

有的情况下，相比退出，最明智的方法是暂且相信对方，或者试着调查或者调和相左的观点。你或许会发现，违反流程并不是对方的意图，或者他们也顶着其他压力，也被迫受到一些限制，所以从他们的观点来看，才不得不违反流程。其他时候，违反则是故意的，甚至是预谋在先的，但你还是不愿放弃谈判，如果因为流程实施不当而结束谈判或者加剧矛盾，其代价实在太高了。

我们再更加仔细地研究一下太阳微系统公司所采取的做法，看看其中都有哪些关键因素值得我们学习，尤其是在能够预见到违反流程的情况下，我们该接受还是提出挑战呢？太阳微系统公司为什么能够获得成功呢？第一，对太阳公司而言，一周之前交易基本谈妥，这是可以确定的，而现在对方的行为则是不妥当的。第二，太阳微系统公司的谈判者对他们拿到谈判桌上的价值觉得非常自信，他们认为没有必要再实质性增加谈判筹码而让对方买账。第三，太阳微系统公司终止了谈判，他们给出了一个基于原则的理由，明确了谈判终止不是因为钱本身，而在于是否尊重对流程做出的承诺。最后一点，太阳微系统公司的谈判者并没有简单地一走了之，而是明确了重回谈判桌的条件。不过有一件事是太阳微系统公司没有做的，这也是我建议他们要做的：让对方把自己请回谈判桌，或是提出重新谈判，但不要让对方丢面子。千万不要让对方在两者之间做出选择：是接受你的要求还是保全面子。即使一个很细微的行为也会起到大作用，比如给对方留个电话以便后续跟进，或者在形式上做个让步，这样就给对方提供了改变立场的台阶。

在因为流程上的冲突而退出谈判之前，要考虑以下五个非常重要的方面：

· 确定流程被破坏了吗？还是因为对方有理由用不同方式处理

问题?

- 我们谈判时是否提供了足够的价值?对方是否明白这一点?
- 我们能否基于可接受的原则来解释清楚自己的行动?
- 我们是否明确了修复破坏的流程需要什么条件?
- 我们让对方重回谈判桌,有没有给他们留足面子?

对于这些问题,你的回答越肯定,你就越容易处理好被破坏的流程。

如果因为对方违背流程而退出谈判,请考虑:(a)对方是否觉得这是违背流程,(b)双方会损失多少,(c)你如何证明退出谈判是正当的,(d)对方是否知道如何恢复破坏的流程,(e)他们如何在不丢面子的情况下恢复流程。

◎对流程达成充分一致可遇而不可求

这并不意味着谈判的道路总会一帆风顺,按计划推进。有时谈判路线是没办法预测的,原因是谈判之初无法预见未来,只有当实质性谈判开始进行的时候才能变得清晰明了。有的情况下,人们不能或者不愿意承诺一个严格的流程,因为那样会限制谈判中的灵活性。双方都会有这种想法,但是尊重这些想法非常重要,还要确保一点:想要确定明晰严格的流程,没有必要以耽误实质内容的推进为代价。但是不能完全忽视流程。尽可能确保每个人都能方向统一、步调一致地行事。回顾太阳微系统公司初期谈判时的经验教训，科斯拉回忆道：

> 我现在做事方式跟之前不一样了，其中之一就是我会更加注意双方在进程中都是怎么想的。如果我认为我们达成了一致，但对方不这么想，那么我们肯定会陷入麻烦，就像在芝加哥谈判那次一样。但是这并不是说我总想把任何事都搞得清清楚楚、明明白白。比如，有的时候在谈判早期，你还想寻求其他选择，这时最合适的策略是不直接言明，或者干脆不要达成相互一致的理解。但是在任何情况下，你都需要思考双方在谈判进程中所处的位置。[1]

对严格流程的承诺不见得总是可行，也不建议那样做。如果流程很灵活，那就确保各方都知晓要做出何种程度的承诺。

考虑了谈判流程的重要性，最好了解一下错误流程存在的原因。其原因之一是，我们今天使用的错误流程可能不是选择本身的结果，而是在冲突产生后我们的错误决策所造成的后果。其他时候，即使我们好心想要创造出正确的流程，也会适得其反。下一章，我们会了解如何预测这些潜在的问题，以及解决这些问题需要掌握什么原则。

---

1. 维诺德 · 科斯拉在2014年10月同作者私下沟通过。

第九章
保持前行动力

NHL的罢赛和停摆

试问，劳资协议谈判和心脏开膛手术的区别在哪里？答案是：前者耗时长，痛苦，代价昂贵，而且问题能否得到解决无法保证；后者则是成熟完善的医疗手术。

美国全国曲棍球联盟（NHL）的老板和球员在劳资协议谈判中取得成功，而且没有发生对经济造成严重破坏的罢赛和停摆，到我写这本书时为止，这件事已经过去20多年了。（罢赛指球员发起的停工；停摆指的是老板发起的停工。）2012—2013赛季刚开始，老板让所有球员停赛，直到签署了劳资协议，不然没有比赛可以打。差不多是四个多月以后，球员签了劳资协议，但是该赛季一半的比赛已经取消了。因劳资谈判造成长时间停摆的情况，也同样发生在1994—1995赛季。如果职业体育界有最糟糕劳资谈判的奖杯，那么这个奖杯应该颁给悲剧的NHL2004—2005赛季。该赛季停摆长达10个月，而且赛季每一场比赛——一共加起来1230场——还有20亿美元的收入，全部落空，只因为双方没能达成劳资协议。在停摆过后，媒体推测谁输谁赢。而最后输赢的格局显现了：合同签订之日，老板看起来总是赢家，但当复杂的合同条款在之后这一年开始施行时，我们却发现球员似乎才是真正的赢家。

但情况并不总是这样。1992年的纷争就是完全不同的故事。那次停赛从4月1日到11日，虽然只持续了10天，但尘埃落定后，毫无争论，球员们的要求几乎全部得以满足。这是NHL历史上，或许是乃至职业体育历史上最短的一次，同时也是最有效的一次停赛了。这次停赛与众不同的原因是什么？为什么这次纷争如此短暂？为什么球员一方赢得如此轻而易举？

◎不伤财，不劳神

1992年的这批球员在管理上并不特别优秀，他们也不是咄咄逼人，在劳资协议签订时也没有展现出特别的谈判技巧。事实上，这次结果的取得并不在于双方如何谈判，而在于何时谈判。球员使用的策略非常精明——或者说真是用心良苦，看你怎么理解了——他们没有在10月赛季一开始闹罢赛，而是等到老板损失最大的时候罢赛。所以，这个赛季在没有任何劳资协议签署的情况下开始了。球员和老板谈判的时候，比赛依旧进行着。但是之后，常规赛刚结束，4月的季后赛尚未开始，球员们就开始罢赛了。他们真的是四两拨千斤。简言之，球员们拿到了整个赛季的薪水，但是老板在季后赛期间得到的收益少得可怜。因为季后赛遭到了“挟持”，球员和老板因为劳资协议谈判没能达成所付出的代价完全不相等；老板的损失更多一些。那结果怎样？球员的要求统统得到了满足。

经过1992年那次浩劫后，老板们不想再让自己处于被动的境地了，所以自那年起，每次到了劳资协议谈判的时候，老板们就先发制人，先在赛季伊始就停摆。[1]这么做会造成巨大损失，双方都会损失金钱，但是老板不会是唯一妥协的那一方。球员在季后赛前闹罢工，这在1992年那次可能是个给力的策略，但恐怕只能给力一次。1992年的罢赛是NHL在成立75年以来第一次停赛[2]，创造了损失巨大的先例，而且之后没有比这再严重的事件发生了。

◎保持前进动力

在这种持续时间较长的矛盾中，需要花很长时间才能找到解决办法——在这种纷争中，各方在未来都要同对方再次谈判——所以有必要保持谈判的前进动力。为获得最终成功而对谈判阻碍进行评估并创造成功条件，于此，前进动力是一个深思熟虑、循序渐进的过程。不幸的是，在NHL的例子当中，我们可以发现眼下的诱惑太多，这增加了前进动力遭到破坏的风险。你急于在当下获得“胜利”，那么明天想取得进步就难了。

尽力以最优价格成交，就其本质来说并无不恰当之处。但是，当这种目的使得谈判者打破了长久以来遵循的行为准则，包括破坏默示协议和明示协议，或在某些合作和中庸立场根深蒂固的环境下，总

1. 1993—1994年，双方在“不罢赛，不停摆”的承诺下开始谈判新的“劳资协议”。虽然没有达成协议，但是老板在下个赛季的伊始就牢牢圈住了球员。自那之后，每当要开始就劳资协议谈判的时候，球员都会发起罢工。

2. 早些时候球员没有工会。1917年建成全国曲棍球联盟。1967年才建立球员协会。

是用“无论代价多少”这样的谈判策略。具有这些行为的谈判者，他们不会让谈判进行得更加顺利，而是燃起了复仇欲，替换掉合作谈判规则。

这种情况不仅仅发生在体育和政治界，在商界也很常见。这种事情很容易想到：谈判者本来达成了协议，当有更好的价格，他们又反悔了，然后提出更多的要求。还有一种情况，创始人和风投家达成了协议，之后有人愿意给他们更多钱，于是创始人就反悔了。风投较劲了数年，那么让来自关系密切行业的人知晓也没什么问题。我能想到其他交易者，他们在交易关系一开始就利用对方的弱点，因此，他们也不再持有公平行为的准则了。

在外交事务中，也会有相同情况发生。20世纪80年代，哥伦比亚革命武装力量（FARC）为了加入政治进程，考虑逐步取消残忍的武装暴动的可能性，在此期间，哥伦比亚爆发了武装冲突，解决冲突的主要障碍是什么呢？哥伦比亚革命武装力量所属的政治党派（即爱国联盟）获得选举胜利的早期迹象出现后，准军事团体以及政府下属的警卫部队消灭了自己成百上千名成员、候选人以及选任官员。谈判至今，无论何时政府都先要求FARC裁军之后才予以批准他们参政，FARC就此突然止步不前，实现裁军的流程工作更加难以完成。更加普遍的是，在这种冲突当中，双方都短视地以取巧占据上风——暴力镇压相对温和的反对团体（政府的行径），投机的恐怖袭击（叛乱分子的行径），以及侵犯人权和违反停火协议（政府和叛乱分子都会有的行径）——对于能否以及何时各方能重新有效谈判，并在实现和平的道路上有所成就，都有着长期的影响。毫无疑问的是，反对外交解决方案的搅局者和极端势力，会经常做出上述行径。但是希望进行和平谈判的人也经常会犯下追求短期胜利和优势的错误。

保持前进动力。在使用策略获得谈判优势之前，请思考：是否会在今后影响我们让谈判富有成效的能力？

◎达成共识也有“阴暗面”

目光短浅的贪婪并不是谈判者放弃前进动力的唯一原因。比如，在多方会谈当中，如果一个团体需要或者渴望大家达成共识，即使意图是好的，谈判的进程也会受到阻碍。让所有人参与进来不太可能，或许代价太高，而且你会为了达成共识，放弃可行的交易可能性。比如，在体育业的纷争中，谈判可不只有两方参与：大市场的体育队伍所关注的点不同于小市场队，能赢利的队伍和无法赢利的队伍兴趣点不一样，新秀和老将的关注点也不尽相同，明星队员的利益与普通队员可能大相径庭。你怎么保证每个人对结果都非常满意？当进行商业合作谈判时，对方会十分看中你带什么条件来谈判，当然也有不是那么看重的，也有压根不在乎的，甚至消极行事的。如果有任何一方终止了合作，你还有谈成协议的可能吗？或者我们这么说，当一个家庭想要组织一次大团聚，或者一对恋人计划举行婚礼，可能就会有许多人有发言权，或者想要拥有发言权。是否给别人否决权，这一点非常值得思考。

达成一致固然有其优点。协议和决策能够得到一致的支持是非常吸引人的。你努力让交易符合你的要求，但是越多人拥有否决权，你的努力就越受限制，原因就在于，对于有限的可用资源人们的需求太多了。把大家都绑在一起，会造成一个局面，任何事一旦不能敲定，都会造成妥协。而且匆忙达成的协议可能在战略决策方面是短视的——也就是说，其目的在于解决当下的问题，代价就是忽略或者加剧未来的麻烦。大家回忆一下，这正是在《邦联条例》中遇到的问题。达成共识也是“人质劫持”的诱因，即有人知道他们的表决是最终决策需要的，就会坚持要求对方进行极端让步。

达成一致的协议也可以是目光短浅的协议。拥有否决权的势力增加，达成交易的自由度就会下降。

◎充分共识的原则

追求共识会破坏谈判进程，也会破坏前进的动力，正因如此，一般在多方谈判、协议谈判和外交事务方面常常会采用适当共识的原则。谈判方同意进行谈判，只要大家或者该谈判方内部的接受程度“足够高”，而不是要求大家支持提案（比如，所有谈判方当中，有80%必须支持条款，而且60%的个人必须支持）。这种方法在各个场合都适用，从国际气候协议，到和平进程，再到国家宪法的通过。避免给一方或者几方扰乱谈判进程或破坏敲定协议的机会，那就需要降低谈判的进程和批准的需求。类似的方法在公司环境下行得通。共识在某些场合下可能是必要的或者可行的，但如果矛盾程度很高，领导者就越能够将想法付诸实施，而且避免不作为（他们很清楚自己想要投入并支持，但是不会要求大家完全达成共识）。

在复杂的交易和持久的矛盾中，有“人质劫持”之忧的话，达成适当共识要比追求完全共识更妥当。

◎降低谈判进展的要求，抬高达成协议的门槛

如果所有谈判方无条件必须接受最终协议呢？你仍然可以使用适当共识的流程，以此来为前进动力保驾护航，所有的考量都会优先于最终协议的产生。换句话说，当谈判临时协议时，或者起草关于什么才会成为最终协议的单独规定，对其“适当”的支持足以推动谈判进行；在谈判的最后，各方仍然可以对达成的最终综合协议投赞成或反对票。在争议性较大的谈判情况下，我经常建议大家：降低谈判进展的要求，提高达成协议的要求。这样会保留动力，原因在于人们会明白即便大家可能会找到对协议有异议的部分，或者持反对意见的部分，但这不应该成为让谈判中止的原因；聪明的做法是让谈判继续，看看最终协议的达成是否比达不成交易更可取。

降低对单个交易内容的要求；而对总体最终协议，提高批准通过的要求。

◎万事商定

同时就多个项目进行谈判比单就一个问题谈判好处更多，之前我们已经就此进行了讨论。当信任不是很充分，就需要谈判双方确保他们在某方面的妥协，能够有所回报。然而，特别在复杂的谈判中，不是总能够同时对所有重要议题进行讨论。比如在和平进程中，不同的问题（如裁军、经济改革、参政议政等）或许会分不同月份落实解决；而在大型国际性协议中，会有不同的频道来对不同问题进行讨论。即便在商业交易中也很常见，那就是交易的不同部分需要由不同的人负责谈判，而且谈判时间点也不同。在这样的情况下谈判者会考虑的，是当不清楚交易的其他方面结果会是什么，就对某个问题妥协，或者表示接受对方条件的调整。这种思考问题的方式会让谈判停滞。这个问题的权宜之策，是所有谈判方都明确同意“万事商定，万事才能成”的原则。相应地，谈判各方要达成共识：在协议全面达成之前，任何一方的言论、暗示和提议都不能撤销。这赋予谈判者更多自由空间，对不同解决方案进行头脑风暴，尝试在协议当中以更加和气的方式谈判，同时让大家明白，他们撤销任何偏袒性的提议或者个别让步的权利，有“万事商定，万事才能成”的原则保驾护航。

“万事商定，万事才能成”的原则能够让谈判者安全地做出让步，帮助他们应对瘫痪的谈判。

◎议价过程中保持透明的代价

交易人员和外交人员决定闭门谈判，一个相似的逻辑就是，商议的时候允许降低透明度。在达成共识的情况下，做到公开透明有很大益处，但是对于非常复杂的谈判，其议价过程如果公开透明通常是弊大于利。对谈判者来说，当商讨是在私人情况下进行的，若公开他们有妥协的意愿，则非常困难。在确保最终交易能够实现之前，如果公布任何声明、让步或者提议，谈判者不发言的话也会面临巨大压力，因为会被别人解读为羸弱或者背叛。所以，当你在对难度极大的问题进行谈判时，你会收到附加的限制，而且你会应对不起，谈判也会受到阻力。

不过在议价阶段，你通常会给谈判者足够的隐私空间，然后再公开最终协议，让利益相关者有机会决定是否支持该协议。这一点在谈判中至关重要，正因如此，美国宪法才得以起草。同样的方法——尽力减少媒体覆盖度和曝光度——在北爱尔兰和平协议谈判、美国国家橄榄球联盟和美国全国曲棍球联盟的劳资协议谈判中得以使用。这就是为什么政府和武装组织之间的谈判在早期阶段都是秘密进行的，直到有足够动力允许各方承认这是在谈判，才会公开。和平进程绝不会刚启动就公之于众，为了给谈话建立更好的基础，进程中会有非公开谈话渠道。政府和武装组织之间的谈判在初期就谈崩的可能性非常高，让他们的成员知道他们尝试用外交的解决方式应对分歧，对他们来说有一定风险。当有证据表明谈判双方想要经过协商达成一致，或者有能力达成一致时，大家才会愿意承担公开谈判内容的代价。

很容易理解为什么利益相关者要求谈判进程完全透明，但如果你想通过谈判结束旷日持久的分歧矛盾，完全透明可不是明智之举。当然，谈判流程要保证成员最后能决定何时接受最终协议，但更要给谈判者空间来尽力达成最佳协议。

若议价过程透明化，反而会阻碍谈判进程。给谈判者足够的隐私权，以便他们更好地构架协议，还要给谈判成员决定何时接受协议的权利。

保持前进动力的原则告诉我们：评价我们谈判策略和流程选择明智与否的方法，是这些策略对我们在今后（几天、几个月甚至几年当中）推动谈判前进的能力有何影响。正如我们所看到的，谈判者如果只关注短期问题的解决，或者在乎短期利益，那么他们可能会让谈判停滞不前。但是，那些短视的谈判者影响的并不只是当前的谈判。谈判若采用狭隘的方法，即使协议达成，也会增加矛盾在未来产生的可能性，或者削弱我们解决矛盾分歧的能力。

我们现在所做的，会影响我们将来在谈判中消除分歧的能力，这是一个经常被人们忽视的问题。其原因可能在于我们有限的资源（如时间、精力和影响力）让我们以狭隘的眼光对待我们当下协议的需求。但是，历史可以证明——不光是在体坛，就算在个人之间、商界之中，乃至国际关系等领域——当下的冲突都是我们过去如何谈判、如何总结谈判的结果。效率高的谈判者请牢记这一点。接下来的部分我们会讲到，即便是不可解决的冲突，也要为将来双方的接触规划和设定好路线，这一点非常重要。

第十章
保持前行动力

从维也纳到巴黎——和平条约面面观

第一次世界大战（1914—1919）一直被定义为“终结了战争的战争”。事实上，对于一战的最好描述应该是“遗忘了战争的战争”。正是灾难性的决策最终导致了战争的爆发，之后的和平协议问题也不少。但无论你怎么看，战争的记忆已经模糊，教训也逐渐被人遗忘，结果是多么悲剧。大家都在说一战结束时巴黎的那场谈判有多少失误，特别是在如何对待战败国德国的问题上，对他们煽动二战起到了怎样的重要作用。当然，我们是站在未来的角度来回望、评价历史，这是我们的特权，倒有点“事后诸葛亮”的意思。的确，如果那些胜利国有能力把问题看得更清楚，谈判的协议结果可能大不一样。唉，他们确实把问题看明白了——但并没有什么作用。

欧洲大陆在一战前近百年冲突相对较少，因此这片土地格外引人注目。虽然也有冲突，但是没有升级成为多方参与的持续战争，也没有带来大规模人员伤亡。至少，这可以归因于谈判，终结了之前大型的军事冲突。拿破仑战争于1814年结束，英国（Great Britain）、俄国、普鲁士（Prussia）和奥地利四个战胜国齐聚威尼斯，来决定战败国法国的命运。[1]与此情况类似，105年以后，战胜国英国、法国、意大利和美国一齐来到巴黎，决定战败国德国的命运。从两个案例中我们可以发现，都是由战败国来为战争造成的破坏担责。另外，大多数谈判都是一边倒的情况：和平条款基本都是由战胜国决定的，而且强加给战败国，战败国讨价还价的余地也非常之小。至少这是一个关键的思考问题的维度，让这两个谈判的结果没什么不同。

为什么1814年的好战者能够避免战后动荡的发生，而1919年的和平条约缔造者却让动荡随之而来？你该如何阻止罪行的发生，修补信任，不让毁灭性的战争发生？

◎不伤财，不劳神

维也纳会议（以及同年早些时候在巴黎签署的条约）迫使法国放弃在近年征服的领土，但此会议允许归还其1789年失去的广阔边境。法国虽然被认定为侵略国，但战胜国没有在一开始向法国索赔战争损失，唯恐赔款的负担削弱了法国，然后激起他们的好战心，使其在将来发动侵略，抑或被其他国家征服。1815年，拿破仑被流放后逃了出来，重新发动战争，导致最初的索赔政策发生了变化。法国第二次战败后，虽然要被迫支付赔款，但是他们还是全部赔偿了。[2]更重要的

---

1. 当然，也有许多其他国家的代表。

2. 尤金·怀特，《拿破仑赔偿的代价和后果》，《国家经济研究局工作论文》，No.7438,1999年12月。doi:10.3386 / w7438。

是，在他们赔偿完毕后的1818年，他们受邀加入国际组织，也就是后来大家所知的“欧洲协调”（the Concert of Europe）。当时像“欧洲协调”这样的多边会议，同一百多年后的联合国或者欧盟组织非常相似。[1]虽然法国是战争罪犯，但还是给他们在谈判桌上留了一席之地。

但一个世纪之后，等到一战结束，同盟国对待德国的方式同之前相比大相径庭。讽刺但在预料之中的是，1870年普法战争之后，同盟国对德国的怀疑和敌意愈加严重，鉴于这种情况，法国在和平谈判期间先发制人地进攻了德国。[2]硝烟平息后，德国不仅接受了严厉的军事限制，还要割让其大约13%的领土，10%的人口，以及所有欧洲以外的殖民地。

另外两个条款更好地解释了该协议的精神。一个是《凡尔赛和约》第231条款（又称为“战争罪责条款”），该条款要求“对于德国和其盟国所造成的所有损失和破坏，德国要承担所有责任”。以GDP的比例计算，德国要赔偿逾万亿美元（以当前美元计算），如果以占GDP的比例计算的话，这比1815年法国的赔款数额高出太多。然而，无论在象征性还是实质性上都更具影响力的还是第二个条款：不允许德国加入国际联盟（the League of Nations）——也就是联合国的前身。

对于这样“要么接受，要么挨打”的条件，德国人如何看待，我们从外交大臣布洛克道夫·兰曹（Brockdorff-Rantzau）就能知晓。他

1. 欧洲协调是一个四国联盟，即英国、俄罗斯、奥地利和普鲁士，他们决定共同维护维也纳和平谈判所商定的欧洲的权力平衡与和平。法国加入之后几年就退出了，英国最终也退出了欧洲协调。

2. 虽然法国在同盟国中的战死人数占很大比例，但是德国是所有国家中死亡人数最多的。

把条款总结为："德国为了生存，不得不向所有条件低头。"[1]

◎为解决余留矛盾而创建流程

对于德国能否按照要求偿还赔款，大家争论不断——德国或许能赔偿——事实上，这些赔款要求为之后的冲突埋下了种子。正如拿破仑战争之后法国赔款事件那样，强征巨额赔款并不是未来冲突爆发的充分条件。赔款和其他惩罚措施或许只是增加了冲突发生的可能性，但如果有体系、有方法去和平处理余留的冲突或者潜在冲突，完全可以避免未来的战争。在与德国谈判时的潜在失误不是要求他们赔款，而是对他们的孤立，结果却是火上浇油，同时冲突的处理和应对也受到限制。的确，这时对敌人的孤立，远不止要求敌人赔款，这就是巴黎谈判和维也纳和平谈判的区别。

1814年的维也纳会议上，最具影响力的与会代表们都认为有必要向前看。会议上的政治家们更注重防范未来战争的发生，而不是惩罚过去战争的罪恶者。他们这么做是为了后代而保全和平，而不是仅仅为了当下的受害者报仇雪恨。更值得注意的是，欧洲人又让法国加入了国际大家庭，并建立了一个体系，在这个体系中，权利的平衡不会影响战胜国和战败国，欧洲人也因此给自己带来了长久的和平。然而1919年并没有这样的情况发生。

---

1. 玛格丽特·麦克米伦，《巴黎1919：改变世界的六个月》，纽约：兰登书屋出版社，2002，第465页。

许多谈判案例，甚至是成功的谈判案，都在一开始就制造了持久的冲突。要建立渠道和流程来应对随之而来的冲突的爆发和潜在的矛盾出现。

◎留在谈判桌上

在所有类型的冲突中都有这样一个问题：谈判者没有为谈判继续而寻找办法。当和平谈话出现分歧后，特别是造成了武力冲突之后，大家中断了所有对话交流和谈判，而不是保持沟通渠道畅通，以便未来有机会调解。正因如此，之后即便达成协议的可能性增加，但缺乏信息和理解还是会愈加严重；缺少对关系维护的投入，让之后的协议更难达成。至少从历史来看，在体育界有这样一种倾向：当新的劳资谈判协定出现，谈判者才会和对方见面，而不是临时（the interim years）建立信任。类似地，近年来美国和伊朗之间的核谈判受到了很大程度上的阻碍，原因就在于之前几十年中双方缺乏联络。一些销售人员也是这样，当和顾客签好协议（或没签成协议）之后就不再联络了，直到下一次协议开始时才重新建立联系。

在这些案例中，最明智的策略是让自己留在谈判桌上。即使协议达成希望渺茫，或者金子到手遥遥无期，如果不是实质性参与谈判，也至少得是象征性的。尤其是在“失败”谈判的余波下，关系自然会进一步恶化，信任缺失，观点出现更多分歧。继续谈判对于保持双方关系良好非常重要，对于各方检查潜在的利益变化和制约因素，以及探索新谈判的可能性也至关重要。而且即便信息共享会给对方带来谈判优势，谈判者也不用担心这些。所以，当实质谈判还没有进行的时候，获取信息、建立互信会更加容易。我对谈判者的建议是抛开结果，保持双方联系；当然也有这种可能，你所达成的协议会在未来进一步优化，或者即便协议没谈成，结局也会出现反转。

留在谈判桌上，特别是当谈判失败后，目的是维持双方关系，理解对方的视角，并且寻找机会重新谈判。

◎要么坐在餐桌前，要么待在餐盘里

在一战的谈判案例中，和平协议的潜在问题并不是完全无法预见的。德国与会代表公开表示担忧，担心自己为将来的战争播下了罪恶之种。最与众不同的就是法国了，他们竟然觉得惩罚条款过于宽大仁慈。当时一位英国官员韦弗尔伯爵（Earl Wavell）用了满满负能量的诗句来描述1919年发生的故事："在这次'结束了战争的战争'之后，他们在巴黎成功签订了'结束了和平的和平条约'。"[1]抛开疑虑不说，为什么和平条约以这个形式呈现？

德国几乎被排除在谈判之外，这是另外一个重要原因。与之相反，1814年法国在一开始就参与了谈判，尽管他们的话语权跟其他国

---

1. 大卫·弗罗姆金，《终结所有和平的和平：奥斯曼帝国的倒塌和中东现代的创建》，麦克米兰出版公司，1989。

家相比小很多，但能获得这样的谈判结果，很大程度上要归功于法国外交大臣塔列朗（Talleyrand）的出色能力。1919年的谈判现场没有出现德国的声音（当时正在起草协议），谈判各方都想制约德国，而且制衡他们的心思也酝酿了许久。意料之中，谈判参与者有时会无视或剥削没来参加谈判人的利益。有句话刚好在外交界和政界反复提到，而且非常在理：你要是不在桌上，那你就在菜单上。在这个案例中，德国就沦为了被人分食的可口菜肴。

所有类型的谈判都是这个道理。想想美国体育劳资谈判的那些典型案例。经过数月焦灼谈判，实质性的妥协被拒绝后，双方终于从他们空缺的位置（opening positions）移开了。你觉得他们首先会做怎样的妥协？你不需要了解体育，也不需要知道在讨论哪种运动，就能精准预测：球员方首先做出了巨大让步——与新晋球员的薪水（rookie salary）和合同相关。为什么新晋球员（刚刚加入联赛的新晋球员）的利益常常在劳资谈判中沦为首当其冲的牺牲品？正因为他们不在谈判桌上。

要么坐在餐桌前，要么待在餐盘里。

◎不在谈判桌上该如何谈判

聪明的谈判者会想尽办法参加谈判。如果实在没辙，还能用其他办法左右谈判战局。比如2011年的NFL谈判，退役球员没有表决权，但是他们利用媒体对退役球员健康的关注，来影响NFL球员协会和NFL联盟。更普遍的是，如果你在实质性谈判里没有正式的角色或者四两拨千斤之力的话，那你就应该学着去影响那些掌控谈判的人。你的影响力，源自你在谈判之外帮助谈判者的能力。比如，在场的谈判者感兴趣的可能是当下谈判之外的事情，而你可以在这方面给予支持，作为交换，他们可以在当下的谈判中助你一臂之力。或者，在场的谈判者也可能需要你帮助推销当下的协议，就像NFL案例中退役球员所做的那样。如果他们看好你在谈判期间（或者到了谈判批准通过或推销协议的节骨眼时）所提供的帮助，或者不希望你对他们持反对意见，那么你就拥有四两拨千斤之力了。

如果你没能来到谈判桌，你或许可以创造协议之外的价值，或者帮助他们推销、履行当下的协议，通过这些方式来影响谈判桌前的交易者们。

◎和平时期却对谈判流程投入不够

亨利·基辛格（Henry Kissinger）在他的《大外交》（*Diplomacy*）一书中，讲到了1919年和1814年两次和平谈判如此不同的第二个原因。[1]1814年，战争的记忆在欧洲人脑海中历历在目。在之前数百年当中，因为欧洲势力的强大，每几年就会经历一次战争。大家都觉得长时间、严重的冲突在所难免，除非通过巨大努力才能防止其发

---

1. 亨利·基辛格，《大外交》，纽约：西蒙·舒斯特出版公司，1994。

生。1919年的情况截然相反，人们把第一次世界大战视为意外或反常事件，而不是按照规则发生的事件。这好像更需要理解（为什么会发生？），而不是需要蛮干（如何防止未来发生冲突？）。谈判者没能充分理解的是，长久以来的和平是因为一战戛然而止的，这是精心策划而生的“体系建立”的结果，而不是因为历史探求启蒙而不可避免发生的结局。

在双方长期关系中商议协定，会遇到这种很常见的问题。若是大家忘记协议背景，将记忆抛诸脑后，对未来的谈判者来说，他们更难理解原始协议背后的逻辑，而且也不明白其存在的原因。于是，协议开始出现瑕疵，其价值也不复存在。根据基辛格博士的论述，能够解释清楚为什么英国人在维也纳会议之后和平的数十年，不再担当平衡欧洲势力的担保人；同样也阐明，奥地利两代人为何参加维也纳会议，冒险加入决定他们存亡的联盟体系，来追求短期的成果和诱惑；还解释清楚了为什么德国巩固了自己的势力后与俄国人交换了条约，以此来争取英国的支持。在每个案例中，政治家都没弄明白自己付出了不必要的代价（除了战争）来购买和平。比如，英国因为看到了和平，所以觉得对欧洲的投资没有必要，由此可见，它不是把和平看作投资所带来的结果。相似的还有奥地利和德国，对于根植在联盟里的自由，他们尽情挥霍，一点也不珍惜。

我们来从企业背景看这个问题。想象一下一位刚刚上任的CEO走进办公室，发现过去10年公司没发生过法律纠纷，因此认为没有任何理由组建律师团，也没有理由同销售商和顾客认真起草合同。或者从体育界看这个问题，想象一下某支足球队发现对手在上半场一球未进，所以下半场干脆让守门员下场休息。这两个案例中的决策的确不可思议，对吧？不幸的是，在冲突交加的情况下，人们确实会做出这样的决定。

当“成功”没法依据可衡量的“好处”来评估，而通过保持积极现状（如和平、持续合作关系等等）来评估的话，努力与成功之间的因果关系则很难察觉。如果不认真审视，你很难发现是什么让万事保持在既定轨道上进行。而且，如果促进合作的政策代价巨大——经济上、政治上或者官僚上——会诱使人放弃投入。我们就会明白：在没有审慎投资的情况下，合作关系、制度以及合作企业会非常容易走下坡路。

公司处于天时地利状态的时候，不去努力加强与各位股东的联系，直到冲突出现，股东略带敌意，才肯下功夫加强与他们的关系。在武装冲突当中，暴动事件的爆发通常因为暴动者在政治上受到排挤，或者在程序上受到了不公平待遇，始作俑者正是那些把和平现状看作理所当然的优势群体。在完全不同的条件下，相同的原则可以很好地解释美国在近年来所经历的反疫苗接种热潮。一旦像麻疹这种疾病得到根除，面对疾病带来的破坏，人类毫无经验，那么抵制疫苗的人，很容易会对抑制疾病并带来健康的疫苗产生藐视情绪。以上案例的问题，并非不愿意为了维持和平而投入，也不是轻视了和平本身的价值，而是没能认识到两者之间的因果关系。

有这样一种倾向（特别是在和平时期），对维持关系的流程投入不足，对帮助维持和平的机构投入也不足。

专注于流程的谈判者有多少，得根据他们的谈判的准备情况。有的谈判者完全无视流程，有的则深谋远虑，备好策略来谈判流程。认识到了谈判流程的重要性，并不代表不能过分强调谈判流程。下一章我们会讲到，可以把更多的焦点放在流程上。当流程具有很高的重要性，并被过多赋予了意义和象征性，那么流程会严重破坏谈判的实质进展。

第十一章
流程的局限

竭尽全力终止越南战争

越南战争（1955—1975）表面上是北越和南越之间的战争，但大家还是认为这是苏联和美国的代理人之战。美国及其盟友支持的是位于西贡市的南越政府，苏联和其他共产主义国家支持北越以及民族解放阵线（NLF，亦称越共）。尽管美国早在19世纪50年代就卷入了越南战争，但是战争的分水岭却出现在1964年8月，美国升级了对越战的军事介入，而臭名昭著的“北部湾事件”也是在这个时候发生的。在两次北部湾事件当中，美国海军都报告称北越袭击了他们。这正好给了时任美国总统的约翰逊理由，让国会授权他扩大对北越的军事行动。

当时，美国都在争论这样一个问题：不让越南“变成共产主义”，是否会使国家的合法权益遭受危机；然而总统获得国会支持的方式该不该受到谴责，这一问题却无人问津。后来人们发现，第一次“北部湾事件”就是美国发动的袭击，而不是北越；至于第二次，更叫人大跌眼镜。[1]约翰逊总统和他统治下的政府意识到，自己之前声称的北

1. 罗伯特·韩约克，《北部湾之谜》，1964年8月2—4；《密码季刊》https://www.nsa.gov/public_info/_files/gulf_of_tonkin/articles/rel1_skunks_bogies.pdf. Accessed June 25, 2015.

越袭击有非常大的不确定性，所以既没承认，也没报告国会。《北部湾决议》（*The Gulf of Tonkin Resolution*）最终以压倒性优势通过，但是也造成了公认的灾难升级。多达58 000名美国军人死亡，但是估算的数目相差很大，死亡人数可能达数10万人。

很明显，1968年美国在越南获得军事胜利的可能性不大，战争尤其遭到美国民众的强烈反对。这一年伊始，就打响了春节攻势（the Tet Offensive），北越军队和民族解放阵线同盟共同展开了这一场大规模军事行动，袭击了数座南越城市。美国和南越对春节攻势的应对可以说是一次军事胜利，但是代价高昂，大规模人员伤亡，使人们在战争问题上开始醒悟。和平谈判在这一年应运而生，或许也是意料之中的吧。

但是达到和平的期许可不是那么容易的事情。和平谈判遇到的第一个障碍，就是1968年5月到10月这长达五个月的谈判延期。在这期间，北越政府拒绝参与谈判，除非约翰逊总统停止轰炸北越。最后美国停止了空袭，为实质性谈判做出了让步——对那些佯装渴望和平的谈判者来说，这也是他们希望出现的局面吧。和平谈判的条件是，各方都得在谈判桌上，但这通常是个问题。当各方准备好来到谈判现场，但无法就谈判桌的形状达成一致，这该怎么办？遇到这样的问题——就如外交电报中委婉的说法：这是“程序问题”——谈判各方走进了死胡同。

◎对流程走火入魔

1968年12月初，麻烦浮出水面。北越想要方形的谈判桌，这样北越、民族解放阵线、南越以及美国在内的冲突各方都能参与，桌上还要摆有各方的旗帜；而南越想要两张面对面的长桌，各代表冲突的两方，因为就他们来看，这次冲突只有两个阵营，即南越和北越。更为重要的一点是，民族解放阵线也是合理的冲突方之一，南越对此拒不接受。接下来发生的，可以说是历史上最愚蠢的外交智慧了。[1]

12月11日，南越代表团大使对美国重申了自己的立场：坚持“两张谈判桌”形式的重要性，并表示就此问题不会做出任何让步。之后，美国又提出了许多种建议，比如“可以同两张桌子的形式一致，但得是两张半圆桌；四个桌子，两张对两张；一张菱形桌子，但是分成两个部分；或者就一张大圆桌”，还说“这不是让步，而是选择”。可是南越代表团的立场毫不动摇，认为两张面对面的长桌是最好的方案。

第二天，美国代表团给约翰逊总统传达了信息，告知他遇到了新的流程问题——发言顺序。“大家本来都同意从帽子里抽签决定发言顺序了，可是北越要求帽子里有四个名字……以此强调这是一场‘四方’会谈。但是我们和南越只想有两张签，正好说明我们的立场：这是一场‘你方和我方’的会议。之后再由各方的两个成员发言。”同时，谈判桌形状问题的谈判仍在继续：北越提出使用四张分开的桌子，之后又建议用一张大圆桌，大家围着坐（这是美国之前就劝说南越接受的方案）。

和平谈判仍在延期，且伴随着各种风险：有人建议约翰逊总统考

---

1. 以下文件由美国国务院记载，出自历史办公处，详见《美国外交关系》，1964—1968年，第七卷，1968年9月—1969年1月。http://history.state.gov/historicaldocuments/frus1964-68v07.Accessed June 25, 2015.

虑重启空袭，以武力“应对谈判桌上故意拖延的行为”。美国代表团的一位成员对南越副总理指出：“这件事美国人民无法理解，世界其他地方的人无法理解……即便越南人民也无法理解：我们因为谈判桌形状而争论不休，因为发言顺序而争论不休。然而，我们在这儿争论这些的同时，战争仍在继续，死亡也在继续。”可是他的努力没有什么用，谈判桌的问题还是没有解决。

之后南越副总理提议采用“三阶流程”。第一个阶段关注的问题“与民族解放阵线无关”，这样民族解放阵线就自然而然地被排除在外了，而且不需要在谈判桌形状的问题上达成一致。但是美国不会支持三阶流程的提议，因为这种形式透明度太高了，会使得谈话还没开始就脱离正常进程。美国代表团还考虑，如果南越在程序问题上太过强硬，就同北越展开双边会谈。

1969年1月2日，巴黎这边终于取得了一些进展。北越虽然还是坚持“简单的圆桌”想法，但同意了南越在谈判桌上的地位，即如果谈判桌形状的问题没能解决，就不用摆放旗帜和名牌了。而在发言顺序方面，北越认可了美国的提议，分成两方抽签，而不是四方，但是北越还是坚持抽签环节由南越和民族解放阵线的代表操作，而非美国和北越。可南越对自己赢得的让步并不知足，反而继续提出要求：如果圆桌不被采用，那么谈判桌必须用布条挂在中间，这样明确表示圆桌的双方都是谁。美国代表团又气又恼，也加入了争论：清楚双方都是谁，一点也不难，只用看彼此坐的近不近就能明白。

1月4日，南越想出了解决谁来抽签的办法：可以“掷一枚硬币，或者让对方先行发言”。而美国考虑的是南越是否会在“无标识的”

和“分开的”圆桌之间用掷硬币的方式做抉择。美国还开始着手各种工作，确保参会人员进场时走的是两个不同的入口，这样的话自然而然分成了各方两个国家的双方谈话的格局。美国这样做是为了平息公众对此事件的愤怒，同时也是为了新总统理查德·尼克松（Richard Nixon）在1月20日上任前，能够开始和平的实质性谈判。他们希望说服南越同意使用没有标记的圆桌，以此交换北越在标志、名牌和发言顺序上的让步。

因为桌子形状问题没有得到解决，国家元首气愤极了。1月7日，美国总统约翰逊非常恼火，他告诉团队“我受够了！”而且强烈怀疑南越这般固执，是不是即将上任的尼克松政府挑唆的。随即，约翰逊给南越总理捎信，信中他动用了美国总统的全部影响力，要求南越总理使用简单的圆形会议桌：

> 美国民众和国会都表示无法理解这一情况——我们无法接受使用整体圆桌（如果有必要的话，这张桌子还得是无标识的）。这样的一张桌子本来就不是四方的。如果桌子被分为一半一半，就清楚地表明这代表两个谈判方，都不用我们做任何标记……当前，美国国会和美国民众一触即发，这是我执政4年里未曾见过的情况，更是我从事公职40年以来没有经历过的。我们无法在立场上做出合理的调整，只会招致漫天批评，批评的矛头指向的是我们美国政府，但南越政府在我们美国国会和民众心中的形象，将会受到更加严重的影响……你方与我们有着密切的建设性合作，合作历史长久。我们一直努力在做正确的事情，这也是我们要求你们现在做的——坚定

相信使用圆形会议桌是正确的，也请坚定相信我们的基本路线，也是我自始至终支持的基本路线。请不要让美国重新考虑对越基本立场。[1]

约翰逊总统把信交给南越总理之前，美国代表团又重申了自己的立场——是时候解决这个问题了。

我们会采取措施，明确谈判桌就该是“两个阵营”的：第一种措施，也是我们之前讨论过的，在双方中间留一些空间，移走中间的一张椅子，或者这张椅子不坐人。还有一种方法就是在我们和他们之间的桌上放一摞书或者文件……自停止轰炸已经过去两个月了，越南政府抵达巴黎也过去一个月了，美国与越南民主共和国（DRV）在巴黎的谈话到现在也已经过去八个月了。我方政府认为，现在绝对是时候开始实质性的工作，我们可以联合组建一个稳固的统一战线。谈判桌形状的问题，是我们双方共同承担的责任。[2]

然而，桌形的谈判还在继续，甚至出现了圆桌和环形桌区别的辩论。最后，南越做出让步，并给出另一个解决办法，即把布条换成“可以看见线条的布带，以此隔开两边”。而在发言顺序的问题上，又有了新的主意：“从两个抽签盒里抽，比如一个红色一个黄色，而

1.以下文件由美国国务院记载，出自历史办公处，详见《美国外交关系》，1964—1968年，第七卷，1968年9月—1969年1月。http://history.state.gov/historicaldocuments/frus1964-68v07.Accessed June 25, 2015.
2. 同上。

且由第三方负责抽签才行（例如法国官员）。”

并不是说在这个问题上缺少持续性或者创新性，而是反映了有时候你需要用新的视角来看待问题。解决僵局迫在眉睫，苏联驻法国大使馆的公使衔参赞在1月13日给出了一个新方案：“一张圆桌，再加两张长方形的桌子，紧挨着对方。”成功近在咫尺！

1月16日，分歧各方同意：使用一张没有标记的环形桌，加上两张长方形桌摆在环形的对点，距离圆桌45厘米。桌上不会有旗帜和名牌。一位法国外交官负责抽签和掷硬币来决定谁先发言。抽出的那方首先发言，各方只许有两次演讲。还有最后一个问题，也是最小的问题：南越总理不希望在一开始提议的法国外交部掷硬币，而是在玛吉斯迪克酒店（the Hotel Majestic）。但幸好这次异议没有对进程有什么影响。1969年1月18日早晨，巴黎和谈各方第一次会面在玛吉斯迪克酒店进行。

当你用了六周的时间商议谈判桌形状，你一定能明白现实的和平是多么来之不易。1973年，巴黎和平协约终于得以签订，大家同意停火，美国开始撤军。尽管《关于在越南结束战争恢复和平》（*Agreement on Ending the War and Restoring Peace in Vietnam*）的合约要求停火，其中也有解决治理问题的和平政治流程，但是战争事实上还在持续，直到北越打败南越并在整个国家建立了共产主义政府，战争才真正停止。

◎困在流程上的常见原因

显而易见，谈判者的确有可能因为流程问题而困在原地。比如，分歧各方如果没法决定谁先给出解决方案，那他们可能永远不能讨论实质性的解决办法。某项生意本来是互惠的，但如果乙方想要快速得到结果，但是另一方想要更多时间观望、权衡，那么这项生意可能永远做不成。在这样的情况下，谈判方想让流程沿着正轨走，可以理解，但是沉迷于流程会导致谈判延期，这代价可不小，而且还有可能毁掉整个协议。

造成这种情况发生的原因有很多，有时是因为基础工作不充分：谈判者没有充分考虑流程问题，或者团队内部的观点不一致且没能提前协调好，抑或是与对方讨论的内容过于复杂。有的时候则是因为分析停顿，让各方在谈判路径上无法达成一致：没有“完美”的流程，却一味追求最佳流程，这样会导致谈判延误，很没必要。有的案例中，过度追求策略灵活（想要“保留所有选择权”），流程实施的保证也会受到影响，甚至会付出更大的代价。但是只要准备充分，所有这些问题都可以预防，至少可以减轻其后果。

当准备不充足，做出完美流程的目标不现实，而且过度追求策略灵活度，谈判方会因为关切流程而陷入困境。

◎何时能把流程放在一边

在交易或外交谈判中，大家都会觉得实质和流程是两个独立的元素——分别需要战略方法——但在谈判者和/或听众的脑子里，这两个元素经常会被搅在一起。从某种程度上说，这是没有问题的。谈判方可能发现诸如“谁会在谈判室”和“谈判会持续多久”这样的决定，会对谈判有实质性的影响，如果这些决定变成现实，那双方的讨论绝不可以掉以轻心。与此同时，过度关注构造完美的流程，或者最有利的流程，会后患无穷。这时流程谈判如果转换到实质性交易，则会出现危险的局面。在理想情况下，谈判者会把实质性讨论搁在一边，直到可行的流程出现。但是旷日持久的流程讨论会影响到实质性流程，最好是：（a）对不完美的流程达成共识，之后可以再做修改；（b）直接开始实质性谈判，同时协商流程。

如果实质性讨论因为过度关注流程而被搁置，（a）考虑采用次等的流程，但可之后再做修改，或（b）直接开始实质性讨论，与流程协商并驾齐驱。

◎代理人战争的流程冲突——为了合法性和影响力

如果谈判各方认为，在流程上做微小让步，等同于牺牲重要的谈判力和合法性，特别是关于谁处于主导地位仍然毫不确定、模棱两可时，问题就会变得更严重。但是，当身份等级和权利动态都成熟稳固的话，流程很容易确定下来，因为没有人觉得在谈判早期阶段为了地位勾心斗角能获得什么利益。但是如果双方没有明确的顺从模式，流程就会成为实质。对局外人来说也觉得奇怪，那些再琐碎的关于谈判规则的问题，对当局者来说，都是对意志力、影响力和合理性的初步试验。我们可以从下面这封信明白这个问题。这封信是1967年12月19日美国国务院的大使写的，他对桌形谈判是这样看的：

……南越的一些观点，特别是他们坚决不和民族解放阵线站在同一起点谈判，正是问题的要害，南越把这些问题看得太重了。他们觉得一开始的几步棋很关键，而且认为对方会通过这几步棋，就看出能否让我们对实质问题做出重要的实质性让步，能否可以把他们同美国分离开……对北越来说——同样对南越来说，谈判的过程是实质性的，因为过程决定实质。南越不希望我们急于让步……南越在这样的情况下对过早让步的评估，我认为是对的。如果我们这一方在最初一轮谈判就沦陷了，斗志将会受到严重挫败。在谈话开始阶段，人们会通过美国如何解决自己的问题——也就是美国和南越一同面对的问题——来判断南越获得独立自由的可能性，并通过这些来评价我们有没有落实对他们独立自由的许诺。敌方这几年说轰炸期间不会参与谈判，可轰炸并没有停止，他们却开始了谈判，还说我们得在金边（现柬埔寨）或华沙会面，之后他们又同意巴黎会晤。敌方说不会为了停止轰炸而接受任何条件，但最终还是接受了……现在，他们又说除非接受“四方”谈判格局，否则不会参加谈判。我们不认可“四方”谈判格局，他们觉得差强人意，但还是满意的。与共产主义者进行的（的确在我的经验里不限于共产主义）成果丰硕的谈判，尤其是在初期，很少有协调顺利进行的时候。事实上，对于那些在谈判最后越发复杂、耗时越长的冲突，如果我们展现急于求成的心态，或许可以得到解决冲突的可行办法。[1]

如果权力关系不明朗且不稳定，流程谈判可能因谈判力以及合理性变为代理人之争，危及实质内容的谈判。

◎就程序议题表明立场之案例

这并不是说对流程态度坚决不是好主意。事实上，你在流程谈判中的表现，会影响对方在实质性谈判中对待你的方式。不久前，一家小公司同一家大型公司谈合作，我给这家小公司做谈判顾问。这家大公司每年进账就有数十亿美元。谈判双方都非常友好和善，但是在早期阶段，对方团队计划以对待其他小公司那样的方式对待我们——方式是什么呢？他们强行规定条款，我们只能点头同意。公平地说，他们没有不良意图。从他们的角度来说，他们可以提供巨大的品牌价值以及强大的分销能力，想和他们打交道的小公司正排着队呢。但问题是，我们并不觉得自己是一家处在水深火热之中的创业起步公司。就合同来说，一份客观的评估能够说明我们也能给大公司带来巨大价值，特别解决了他们的重要战略需要。

1. 以下文件由美国国务院记载，出自历史办公处，详见《美国外交关系》，1964—1968年，第七卷，1968年9月—1969年1月。http://history.state.gov/historicaldocuments/frus1964-68v07.Accessed June 25, 2015.

从我的角度来说，问题出在交易心理上：我们带来的价值至少和他们带给我们的是一样多的，这一点我们知道，他们也知道，但他们设想的是，我们应该感谢他们，这就出现不公平协商的状况。我想让团队明白，对方会和两种伙伴谈判交易：一种是他们觉得平等的伙伴，另一种是他们觉得很幸运能跟自己谈判的伙伴。因为他们对待这两种伙伴的方式会截然不同，我们得确保"平等"的框架，而不是"幸运"的框架，框架从一开始就得建立。如果我们是在"幸运"的框架下谈判，我们就得从头到尾听他们的。

所以我建议尽早表明自己的立场，并提上流程。更准确地说，如果我们认为细小的流程要求不会强加在平等的那一方，那么我们决定搁置那些要求。之前几周，流程上总是反反复复，但是最终还是有所突破。等到我们开始实质性谈判，在不对等或不公平的事情上坚定立场，自己就会轻松许多——对他们来说也不足为奇。

如果你先行质疑了流程的不公要求，就更容易抵制对实质问题的过分之举。

◎如何在流程上坚定立场

为什么我们同大公司谈判的方法，没有变成像越战时期那些谈判一样是在做无用功呢？显而易见，这两种情况有非常多的不同，但是当你坚定你在流程上的立场时，有几点需要记住。第一，我们不是要和对方抢占上风，而是希望立场（footing）平等，这是我们的动机。如果别人认为你想要夺取主导权，那么冲突很有可能会失去控制。第二，我们知道流程和实质有时是相联系的，而且我们尽量不让流程争端妨碍对实质的思考。比如，关于最后期限（流程）的讨论会影响到你能谈成的协议（实质）。同样，无论你是否同意加入专门的谈判阶段，都有流程和实质结果。在这种情况下，你就要想办法把流程和实质分离开。比如，为了赶在对方的期限内宣布交易结果，为了满足对方想要更广阔合作关系的想法，你可以构架好协议，这样协议在不同阶段都是完整无缺的。最后，谈判流程和实质谈判是并驾齐驱的。这和越南战争期间的和平谈判不同，尽管流程不够清晰明了，但是当实质流程看起来可行且能带来利益时，谈判者没有让不清晰的流程妨碍实质议题。

如果你想在流程上表明立场，最好（a）告诉大家你寻求的是平等，而不是想抢占上风，（b）承认并落实实质问题，这些问题与流程选择息息相关，（c）实质谈判与流程并驾齐驱。

这一部分我们已经学习了如何谈判流程——不让流程失控——这能帮助我们避免谈判僵局，解决谈判冲突。为什么效率高的谈判者能深谋远虑，改写未来交往的规则？在下一章中，我们将仔细分析。

第十二章
改变交往规则

谈判之《老友记》

2002年2月，美国全国广播公司（NBC）和华纳兄弟影业（Warner Brothers）签下了30分钟情景喜剧播放权的协议，也是电视历史上最贵的协议，这立刻成了头版头条。这部情景喜剧就是《老友记》，讲述6个朋友在纽约市的生活故事。该剧获得超过60项黄金档艾美奖提名（获奖共6项），第一季就跻身电视节目五强。第10季已经开播了，它也是这部长跑了10年的剧集的最终季。毫无疑问，这是一部佳作，但还是不足以解释在这最终季里，6位主角的演员薪酬是如何确定的。

许多喜剧都只有一个主角，多个配角。想想看，像是NBC近20年以来最火的节目都会引起薪酬谈判：《考斯比一家》（*The Cosby Show*）、《亲情纽带》（*Family Ties*）、《欢乐一家亲》（*Frasier*）、《人人都爱雷蒙德》（*Everybody Loves Raymond*）、《宋飞正传》（*Seinfeld*）。但《老友记》比较特别，因为有6名主演，且每一位的出镜率都差不多。[1]这就意味着他们每一位都同等重要，而

1. 本·布拉特，《什么样的朋友在“老友记”的概念下算是亲密之友？》，《岩石杂志》，2014年5月4号。

从谈判的角度来看，他们每一位都可以被砍掉。制作公司或电视网认为，如果某位主演在议价的时候太咄咄逼人，那就不请他出演，反正也不耽误剧集。这并不是理想情况，但是原班人马全员回归，或者缺一两个，公司有这个筹码在，就是有了和演员谈判的手段。［如果谈判的剧是《宋飞正传》或《人人都爱雷蒙德》，而且恰巧是杰瑞·宋飞（Jerry Seinfeld）和罗马诺·雷蒙德（Raymond Romano），这种手段就不奏效了。］

一切已经尘埃落定，NBC和华纳兄弟达成协议，给《老友记》6位主演每位每集100万美元的片酬。最终季计划拍摄22集，那么每位演员进账2200万美元。[1]从这个角度来看，思考一下：也就是前几年，在《宋飞正传》（艾美奖奖项和收视率均超过《老友记》）的最终季，演员杰瑞·宋飞每集的片酬就是100万美元，另外3位演员的片酬仅次于他，每集有60万美元。[2]那么，6位“老友”的片酬是如何同时拿到这么高呢？

◎不伤财，不劳神

2002年成功的种子，在前几年就已经埋下了，也就是《老友记》第3季的片酬谈判。第3季之前，6位演员谈片酬的方式很标准，也就是说他们在经纪人的帮助下分别谈判。第一年之后，他们每集片酬是标准的

1. 比尔·卡特，《老友记谈判将支付6位主演2 200万美元》，《纽约时报》，2002年2月12日。
2. 罗伯特·哈克特，《在最后一季度的〈宋飞正传〉中，杰瑞陷入严重现金纠纷》，《财富》，2015年6月1日。

22 500美元，而日后的片酬则看节目成功与否、角色重要性以及外界对演员的评价而定。第2季参考了这些因素，6位演员每集片酬相差了2万到4万美元不等。[1]

第3季片酬谈判之前，演员大卫·修蒙（David Schwimmer，片中罗斯的扮演者）是6位演员当中片酬最高的，他却剑走偏锋，找到了剧组的伙伴们，说制作公司和电视网有的是筹码来制衡他们，因为从演员个人角度来说，每一位都是可以替换掉的。如果他们在将来的谈判中作为一个整体，并要求公司给每个人相同的片酬，才能共同享有这部剧的成功。修蒙“不走寻常路”，要求其他演员在谈判中应立足于集体贡献，不要在乎个人给节目带来的价值。如果他们能团结起来，不在乎谁“客观上”片酬拿得多或少，那么他们手上就多了谈判的筹码。接下来，修蒙亮出了王牌。他为了表示自己的承诺，首先做出了牺牲：他要求制作单位降低他第3季的片酬，这样的话6位主演的片酬就都一样了。詹妮弗·安妮斯顿（Jennifer Aniston，片中瑞琪儿的扮演者）同意这样做——而且确实这么做了。结果呢，片酬合同中，每个人的片酬和最低片酬的演员平齐：第3季每集75 000美元，第6季则涨到了125 000美元。[2]他们每个人再也没有以个体的形式去谈判片酬了。

大卫·修蒙在《名利场》杂志的采访中回忆道：

我对团队说：“这样，他们建议我多要点片酬，但我觉得，

---

1. 布莱恩·洛瑞，《老友记领衔主演陷入合同纠纷》，《洛杉矶时报》，1996年8月12日。
2. 利奈特·莱斯，《“朋友”要求加薪——电视圈最红情景喜剧明星狮子大开口，电视节目未来何在》，《娱乐周刊》，2000年4月21日。

与其这样，不如我们团结起来。他们期待我能多拿点钱，但我觉得我们应该利用这个机会说明白，咱们6个应该拿相同的钱。我不想每天拍戏都觉得别人会对我有意见。我并不想站在他们的立场。”——然后我说了那个片酬最低的演员名字——“每天来拍戏，干同样多的活，别人却可以拿比自己多一倍的钱。这太可笑了。要么咱们现在就做个决定。咱们所有人都拿同样的钱，干同样多的活。”我当时觉得，大家成立一个小联盟是很重要的。因为在宣传方面，都需要团队来做许多决定。这是意外出现的结果，源自我们团结一致的想法。这些都归因于我的剧团演出经历。我们都有报酬。我们所有人都要做“侍应生”，也要干其他工作，但是我们所有人的报酬都是一样的。所以，这种想法对我来说真的很重要。[1]

除了涨片酬，主演们还可以谈联合版税（syndication royalties）的分成——当时对演员团体来说并不常见——节目重播带来的收入，所有演员会得到分成。《老友记》第6季之后，主演们谈下来的片酬是每人每集75万美元。[2]那次著名的“每集100万”片酬谈判，所有人都清楚6个演员要么一起签，要么一起走人。这个棋局里，修蒙在开局让了棋——自己本来能拿到可观的薪酬，却首先做了牺牲——但是牺牲的回报是翻了不知几倍的片酬。

---

1. 沃伦利 · 特菲尔德，《同这样的人做朋友》，《名利场》，2012年5月。
2. 比尔 · 卡特，《老友记谈判将支付6位主演2 200万美元》，《纽约时报》，2002年2月12日。

◎安排好未来合作——如果这么做代价不大的话

即便是最重要的关系，通常还是以沟通开场，因为这样风险会小一些。战争一般起源于小规模冲突。和平进程一般都以停火协议为开始。收购成功的可能性，通常都是在有限范围内以共同行动来衡量的。婚姻的种子，通常都是在第一次约会就种下了。几位朋友或同事坐在一起交流有趣的想法，结果促成了成功的商业合作。

第一印象的重要性已经说了很多了，有的逸事和格言赞扬待人之品德——甚至是对待陌生人的品德——并没有什么缺点，因为你没法知道结果会是什么。这次的教训与之前不同：在关系早期，不仅要树立积极良好的形象，而且要构架好合作的条款。修蒙正巧是一个很好说话的人，我确定这并没有什么害处。但是他所提出的建议，和他的风度或受欢迎程度没有太多干系：提议的实质是投资于当下，6位演员有机会重塑谈判流程，这样对他们长期来说都有好处。

早期阶段的互动，能够让你以相对较低的成本重塑未来合作的条款。

◎代价高昂的投入能显示出你遵照流程的承诺

关于如何重塑流程，提出好的建议是一回事。强调自己对提议的承诺，就是另外一回事了。特别是修蒙的提议并非没有代价；在偶然情况下，演员的待遇可能会因为这样的安排而变得更加糟糕。修蒙相信这样的代价值得自己承担，这样做显示出了自己的可靠性，所以他首先承担风险。当投资回报不能得到保证的时候，他还愿意承担早期风险，这就非常有力地显示出对新进程的承诺。

政府或武装组织承担政治成本，抑或接受先决条件来启动和平进程，这就表示其承诺遵照新进程。如果交易没能实现，潜在的交易者约定好可观的“终止协议费用”或者专有谈判期，其间可能延迟或排除其他选项，这样同样表示其在初期遵照流程的承诺。雇员在谈判详细条款之前就接受工作邀请，也显示出早期承诺。我认识一位早期公司的CEO，他的公司正在水深火热之中，急需追加资本。公司的员工都深陷焦虑，担心在接下来的几个月没办法谈成新一轮投资，因此他们想赶紧找到下家，但这也得花上好几个月。于是，这位CEO找到了公司的关键员工，让他们先别做这样的打算，说自己致力于公司并关照所有员工，同样希望他们决定寻求下家之前，再委身于公司几个月。为了强调自己的承诺，他向关键员工们保证，必要的话会用自己的钱给他们付薪水（比如投资失败），这样确保关键员工在危急时刻不会跳槽。

在某些条件下，所有这些决策都可能糟糕透顶，而且就规律而言，以上决策我一个都不推荐。重点是：正因为这些决策风险较大，才可以展现遵照流程的承诺。

你拥护流程，所以愿意承担其带来的先期成本，这显示了你的承诺的可靠性。

◎为你的让步做标签

如果不支持别人承诺遵照谈判流程，即便你自己承诺，对你也没什么好处。如果政府同意了前提条件，或许会转变绝望的情绪，而不是承诺于值得做的事情。如果收购者同意“终止协议费用”，则展现了自己的弱点，而不是真诚的兴趣。如果雇员在谈判之前就接受工作，如果交易人在谈判之前同意漫长的专营期，那这可能预示的是能力的不足，或缺乏可选择的余地，而非对这些机会做出的积极承诺。几乎所有谈判中的行为，都可以用多种方式来解读。同样善意的行为——牺牲小我所做出的让步妥协——都可以解读为善良、聪明，孤注一掷或者蠢到极致。

研究表明，最好的结果——最有可能是对方会用有效的行动来报答你所做的让步——你希望对方认为你是善良聪明的。[1]不幸的是，尤其在艰难的谈判和冲突当中，对方有充分的动机认为你让步的原因是出于恶意、孤注一掷、不理智或者无能。明智的谈判者，会掌控别人对他们让步动因的看法。比如，交易者同意设立专营期之前，可能会提出或暗示对方自己有其他的选择余地（避免自己看起来像是孤注一掷）并且解释

1. 马丹 · M. 佩鲁特拉、迪帕克 · 马尔赛特拉、J. 基恩、默宁翰，《信任的归因与互惠原则》，《实验性社会心理学》期刊，39（2003），第448—455页. Doi:10.1016/S0022-1031（03）00015-5.

接受长时间专营期的原因，“我们明白你们在进入讨论时面对的独特风险”，因此表示出同情，或彰显自己的处理能力。简单点说，为了促进互惠协议的进程而做出让步是不够的，还要为自己的让步贴上标签。也就是说，要确保对方明白你行动的根本原因，而不是直接跳转到结论。在这种情况下，这种方式是恰当的，你想告诉他们你这么做是个代价不小的选择，原因是你相信双方都能明白相互合作带来的利益。

在《老友记》片酬谈判案例中，大卫·修蒙牺牲小我的让步有正确的动因。另一位演员，也是他的朋友麦特·勒布朗（Matt LeBlanc，片中乔伊的扮演者）之后回忆道：

> 当时修蒙的片酬是最高的。他是片中的主线——Ross和Rachel这一对。他明明可以比别人拿更高的片酬……他是否知道如果大家组成整体之后，我们的价值就会增加？这我不清楚。我觉得他这么做很真诚，我一直这么说。这就是他。[1]

给自己所做的让步贴上标签。即使善意和明智的举动也会被理解为软弱无能。要会塑造别人眼中你让步的动因，确保你主张互惠共赢而非利益剥削。

---

1. 沃伦利·特菲尔德，《同这样的人做朋友》，《名利场》，2012年5月。

◎如果毁灭性的格局已经确立，那就为你将来的让步贴上标签吧

之前我们讨论过，如果当下的谈判格局不利于你，那么就该尽快重新构造谈判格局，这一点非常重要。当然，你越早向不利局面提出挑战，你也就能越早得到你想要的结果。尽快做出响应还有另外一个原因。不利格局拖得越久，就越难做出改变。比如，在劳资关系当中，如果数十年的框架一直有争议，而且每次谈判老板都要停摆（像美国全国曲棍球联盟），那么格局就很难改变了。即使各方想要改进劳资关系，老板还是很难决定不停摆赛事。如果你过去五次在谈判桌上表现出较强的攻击性，而你这次出于好意想变得友善些，那么对方会觉得你是因为没招了才由老虎变成乖猫。你挣扎得越久，对方越觉得你停止挣扎是因为懦弱。这种局面经常发生在政界，其实在人际关系中也很常见。每次有一方想要软化立场，另一方就习惯投机取巧。

这种情况解决办法之一，就是为自己所做的让步贴标签，让对方明白你这么做是为了长期关系，并非因为软弱。但如果艰难的格局已成定数，或者“弱肉强食”的框架持续多时，那么别人不会立刻相信你贴的标签。在谈判进行到最激烈的时候，你可能都没法说服你的伙伴你是一个“强大而且好相处”的人，因为他们从没有见过这两个特质同时出现在你身上。从谈判伙伴的角度来看，当你处在一个弱者的地位时，你才会变得“好相处”。

在这种情况下，或许为将来的让步贴好标签才是有效的选择。比如，你在尽全力谈判时具有攻击性，因为其他选择会让自己看起来是

个弱者，但你提出另一条通向未来合作之路，如果对方会与你合作并创造合适的条件，你就让对方明白你愿意下次有不同的表现。合适的条件可以是双方同意以不那么激进的立场开始谈判，不在媒体上攻击彼此，这种让步会让你得到及时回报，或者各方都会尽力做到最好，而不是带着不信任或攻击来回应善良。简而言之，或许没办法为当下的让步贴上标签，但为将来的让步贴标签要容易一些。

如果毁灭性格局已经确立，那就为你将来的让步贴上标签吧。

◎维护好你的公信力，有的时候它会是你手中唯一的谈判力

正如我们刚才讨论过的，不是所有谈判中，都能轻易给你的让步贴上标签，都能轻易彰显你对流程的承诺（该流程对所有人都很有用）。你或许没有像大卫·修蒙那样拥有最先负担成本的选择。别人也没法像《老友记》里其他演员相信修蒙那样，相信你劝说别人的动机。但就我的经验来看，有一种方式可以表示你对所有谈判流程的承诺，那就是无论代价多大，永远信守诺言。最好的交易者和外交官永远都是一言九鼎，无论这“言”轻还是重。这么做不仅是对的，而且是交易中最有利的工具。特别是在长时间且棘手的冲突当中，谈判本身就存在着风险，而且可能毫无用处，这个时候，把对方请回谈判桌的唯一能力来源，就是你的公信力。你一旦坐上了谈判桌，当妥协互

让成为流程中的必要部分，那么“失信力”通常是妥协互让的最大障碍，因为大多某一方承诺的让步并不能马上实现——承诺给予公平待遇、权利共享、未来收益等，都是以信任为前提的。你如果没有树立可信的声誉，就不适合谈判这类协议。

有趣的是，在大大小小的交易中，有人突然背信弃义，公信力也不会有什么损失。当其他谈判方开始明白我们不能自始至终坚守承诺，公信力就这样一点点被削弱了；有时候我们还会基于不完整的信息下绝对的定论；有时我们会忘记曾经给出的承诺，或许这个承诺还是草率决定的。结果呢，当你告诉别人“我没法做到”，别人却不相信你，原因是就在几周或几个月前，你说了同样的话。我这样提醒我的学生和客户：会有那么一天，你手中唯一的谈判力就是你的公信力。不幸的是，公信力是无价之宝，却常常不受重视。

公信力常常是一点一点失去的。你的承诺无论大小都要坚守，要为自己的公信力保驾护航。

第二部分课程总结　流程之力

· 制定流程策略。

· 为达成协议，光有流程策略是不够的——你还要对实施流程进行战略布局。

· 做谈判室里准备最充分的人。

· 谈判实质问题之前先谈流程。

· 在流程上与对方同步。

· 寻求清晰透明与承诺保证。

· 让流程标准化，并鼓励对方为你将流程标准化。

· 即便对方不愿意明确流程并保证流程，也是非常有信息价值的。

· 对流程的承诺最好是详细无歧义的，而且是个人发表的公开承诺。

· 如果因为违反流程而退出谈判，要估量对方的视角、所有结果并建议可行的补救措施。

· 保证严格遵照流程并不总能实现，也是不明智的。

· 保持前进动力。考虑追求短期利益是否影响日后的合作。

· 达成一致有优点，但是给了各方否决权并减少了达成协议的可能性。

· 适当的共识能帮助保持前进动力，并限制在个人问题上“人质劫持”。

· 降低对单个交易内容的要求，而对总体的最终协议，提高批准通过的要求。

· “万事商定，万事才能成。”

· 清晰透明会阻碍谈判进程。要给谈判者足够的隐私权，还要在最终协议上给谈判成员发言权。

· 即便谈判成功后，还需要建立渠道和流程来管理遗留下的潜在冲突。

· 留在谈判桌上，特别是在谈判失败后。

· 你要是不在桌上，那你就在菜单上。

· 如果你没能来到谈判桌，应帮助谈判者推销协议，或者在别处创造价值来发挥杠杆的作用。

· 在谈判和平期，对维持和平的投入不足的倾向要小心。

· 准备不足、寻求完美流程和太多灵活性，会让流程遭遇瓶颈。

· 脱离瓶颈，同意可修改的流程，或者开始谈判实质，并与谈判流程并驾齐驱。

· 流程谈判也能成为谈判力和合理性的代理人之战。

· 如果轻易拒绝不公平流程，那么也就很容易坚持对实质的不公平要求。

· 对原则立场坚定的时候，要寻求平等而不是优势，还要解决所有实质性的关切点，这些关切点都会影响你的立场。

· 建立正确流程的时候，你要做第一个行动者：构建未来合作的条款。

- 你为了支持流程，愿意承担成本，这显示了你对承诺的公信力。
- 给你的让步贴上标签。
- 如果毁灭性格局已经确立，那就为你将来的让步贴上标签吧。
- 你的承诺无论大小都要坚守，要为自己的公信力保驾护航。

第三部分 同理心之力

我认为，换位思考是与人交往中最重要的事情——无论跟谁都一样。你应该尽自己最大努力去解读那些你认为不可理解之事。

拉赫达尔·卜拉希米（LAKHDAR BRAHIMI）

第十三章
同理心之力

古巴导弹危机之谈判

1962年10月16日，美国U-2侦察机在古巴上方进行侦测时发现不明建筑，随后证实其为古巴在苏联政府的帮助下建造的发射核武器的导弹台。在古巴附近建造这样略显珍贵的导弹台，并不让人意外或疑惑，但是它的存在有两点显著特征，即对美国政府的“特别”关心[1]。首先，这个导弹台有能力对准美国土地发射攻击型导弹，其次，运送核弹头也不成问题。在此之前，苏联政府无论在公众场合或是私下里都曾保证过，不会在古巴部署带有核武器的攻击型导弹。现在看来，这些保证根本就是谎言，其部署导弹的真正目的是拖延时间。这也是后来为人们所熟知的古巴导弹危机[2]。

冲突的不断升级，使人类空前地接近核战争的边缘。10月18号，美国总统约翰·肯尼迪（John F. Kennedy JFK）组织了一小群人作为其智囊团，后来这个群体被熟称为美国安全理事会（ExComm)。他们被

---

1. 简而言之，防御型导弹（从陆地发射到空中）可以用来自卫，躲避美国的攻击；进攻型导弹（从陆地到陆地）可以通过瞄准美国大陆，报复美国的攻击。

2. 更多关于古巴导弹危机的信息，可以参见这个链接：http://microsites.jfklibrary.org/cmc/.

秘密召集，为这次突发的冲突事件出谋划策。秘密小组的成员有来自美国参谋长联席会议（Joint Chiefs of Staff）的长官、国务卿、国防部部长、国家安全顾问、中央情报局官员，还有罗伯特·肯尼迪（Robert F. Kennedy），他是约翰·肯尼迪的弟弟，同时也是司法部部长。

早先，安全理事会提出了两个主要应对方案。第一种我们称之为进攻策略，趁导弹发射场未完全成型时立即发动空袭摧毁它，同时从陆地入侵古巴。第二种我们称之为缓攻政策，美国政府需要进行海上封锁以防止更多的军事武器运送进古巴，同时还要通过外交手段，联合南美和联合国以寻求帮助。当然，尽管是温和政策，军事入侵依旧是万不得已时的最终之选。两种方案都有理有据，但风险并存。安全理事会的成员们各执一词，他们甚至在哪种方案能更好地应对美苏冲突升级的问题上，都未达成一致。

安理会刚开始就古巴问题进行商议时，几乎所有人都支持入侵政策。罗伯特·肯尼迪是少数认为入侵政策风险过高的人之一，因为此方案限制了下一步的策略制定。他还认为，像美国这样的超级大国单方面先发制人，去攻击古巴这样一个小国，道德争议那一关就过不去。又过了几日，风向就又变了，安全理事会大多数人赞同缓攻实乃上策。从历史角度出发，几乎所有人一致认为从进攻转为温和是明智之选。理由很简单，1962年时的苏联和古巴教会了我们太多东西，而且新的信息中每一个碎片都拼凑出这样一个事实：进攻策略（无论是空袭还是陆地入侵）所带来的破坏力远比安全理事会设想的要多得多。换言之，相同目的下安理会所做出的预测基本没有正确的：他们低估了军事入侵所带来的巨大风险。比如，安理会估测当时在古巴的苏联士兵大概有10 000人，但是实际上超过了40 000人。设想一下，如果美国真的杀了这么多苏联士兵，哪怕最终停止进攻，苏联十有八九会以同样的方式回击。同样，安理会认为虽然古巴部署了导弹，但是核弹头却没有传送过去。而事实上，古巴早就储备了核武器，他们的军械库中甚至还有“战术性”核武器，用于毁伤敌方目标。不仅如此，安理会深信没有苏联领导人尼基塔·赫鲁晓夫（Nikita Khrushchev）的明确批准，核武器是不准发射的。然而，古巴地区的苏联指挥官有自由判定发射核武器的权力，古巴领导人菲德尔·卡斯特罗（Fidel Castro）也做出决定，如果受到攻击，自己有权使用核武器回击。美国国防部部长，同时也是安理会成员之一的罗伯特·麦克纳马拉（Robert McNamara）随后解读了这些政策背后隐藏的信息：“没人会相信美国士兵会受到战术核武器的攻击，他们认为美国会克制对核武器的强烈反应。那么这场冲突将何时结束？正是灾难开始之时”。[1]

如果一开始采取怀柔政策，这场灾难是可以避免的，但是外交并不是万能神药。因为军事对抗的后果难以承受，所以决定谈判，这并不意味着双方在意见上达成一致——特别是谈判前景黯淡无光，一切未知，互不信任，而且彼此存在根深蒂固的芥蒂与对立。那么如何在双方都不愿意或没能力让步的情况下达成谈判目的？战术的拖延和失误将在何时将你推近核战争的边缘？

---

1. 劳伦斯·张和彼得·考恩布鲁编辑，《1962年古巴导弹危机：国家安全档案馆文档读者》（第二版），纽约：《纽恩出版社》，1998，摘自罗伯特·麦克纳马拉写的前言部分。

◎看似不可能的谈判

除了在军事进攻上先发制人，美国还对古巴采取了一系列封锁措施，但是出于政治和战略原因，这些政策美其名曰“隔离”。美国与许多同盟达成合作，再加上军事冲突威胁的不断升级，他们开始向苏联当局施加压力，并希望通过谈判解除此次危机。苏联拆除导弹并将之从古巴境内移走，这才是美方能够接受的结果。那美国怎么才能说服苏联妥协呢？尤其当下苏联同古巴所持的军事优势，对美国的威胁只增不减，况且美国的态度也很成问题，他们既不想冲突继续加大，也不愿收起些武装力量。

解除这次危机的关键并不是提出一个与原先设想完全不同的方案，而是以一个完全不同的角度去看待这次冲突发生的原因。一切事情能朝着好的方向发展，是因为约翰·肯尼迪愿意站在赫鲁晓夫的角度去思考问题，而且他认真调查了苏联不惜冒着开战的危险，被迫将核武器转移到古巴的原因，找出了原因所在——然后尝试着去理解才是问题的关键。

试着站在苏联的角度思考一下问题。首先，在土耳其和意大利这些靠近苏联的地方，美国早已经部署了能承载核武器的导弹发射场，这种威胁不亚于苏联在古巴建造导弹台。其次，当时美方已有其独特的“导弹地图”，美军的核武器储备量（比如导弹、轰炸机、核弹头的数量等）都遥遥领先于苏联，军械库的技术也先进得多。[1]然而，苏

---

1. 讽刺的是，1960年肯尼迪总统开始了他的任期，他指出“导弹差距”是两方最大的问题之所在。他也暗示道，当下的美国在核能力上面还处于发展阶段，所以他会恢复两方的平等地位。明显的是，无论是肯尼迪总统还是苏联方面都明白，美国的核能力远比苏联的要强得多。

联军械库存在巨大问题。在战事中，能够发射到美方领土的洲际弹道导弹数量明显不足。苏联方面也知道想要克服这个问题还需要时间，而他们也明白，在自身发展期间将导弹部署到古巴来威慑美方的方法实际上意义不大。最后一点，美国中央情报局一直没有停止暗杀菲德尔·卡斯特罗，而且一直尝试推翻其领导的活动，这也让苏联和古巴方面厌烦透顶。

看透这些事情，对解决危机大有帮助，但是前路依旧充满坎坷。接下来几天，随着公共或是私下的外交活动频繁展开，仍面对着许多不安因素，但是各种求和的呼声愈来愈大，重要的决议愈来愈多。有一次，美方在不确定潜艇是否装备核鱼雷的情况下，向苏联潜艇投掷了深水炸弹将其炸出水面，这已经触犯了先前的协议，苏联潜艇可以武装开火。冲突期间，菲德尔·卡斯特罗曾在他最绝望的时候给赫鲁晓夫写了封信，信中建议先对美方发动核武器袭击，但是赫鲁晓夫明智地拒绝了这项提议。

尽管占据重要的（但是有限的）军事优势，甚至导弹发射场已经开始运作，问题最终以谈判并签订协议的方式解决，而不是武装军事反击。协议主要有以下几点：苏联在联合国监督下在未来几月内将导弹撤出古巴境内，作为交换，美方终止对古巴的封锁政策并实现两项承诺。第一，对于古巴，美方做出“不会入侵”承诺。第二，同时也是最重要的一点，拆除部署在土耳其和意大利境内对苏联有威胁性的导弹装置。协议的签订也一波三折。美方认为自己做出最后让步会显得自己太弱，好像害怕一样，所以才要求移走导弹必须秘密进行。赫鲁晓夫曾说，如果公开宣布美方在导弹危机中做出让步，美方很有可能不会按之前说的去做。换句话说，协议明显偏向赫鲁晓夫，然而他却不能宣布其胜利。赫鲁晓夫认为，核武器对抗后两方陷入僵局也存在可能，那样的话局势可就扭转了，将会取代之前达成的一系列解决方案。

美方导弹拆除工作将在未来几年完成，而赫鲁晓夫在古巴导弹危机之后很快就下台了，所以在某种程度上让人觉得是美国“获胜”了。也许数十年之后，美国也会在公开场合像约翰·肯尼迪一样承认是美国做出了让步，以自身移除导弹作为同苏联谈判的交换条件。

◎同理心为你创造更多选择

若不是总统约翰·肯尼迪先生愿意站在赫鲁晓夫的立场上去思考问题，危机可不会如此成功解决。[1]站在美方的角度看，苏联这种做法不讲道义，不负责任，还带有挑衅的意味，为了争取军事优势甚至谎言重重，恶意误导美方。

但是站在谈判角度上更重要的考量是：如何以另一种方式看待其所作所为？事实上，如果约翰·肯尼迪没有站在苏联的角度去思考这样做的原因，那么谁都没有想走谈判路线，或者外交手段的意愿。谈判开始之后，正是因为美方理解了苏联的真正想法和关切点，所以问题才得以解决。这就是同理心之力。

有些人认为，换位思考就是一方想做和事佬，或者是示弱的一种手段，这种理解简直错得离谱。对谈判者来说，了解自己的对手可不

---

1. 同样，我们也可以说赫鲁晓夫理解且尊重肯尼迪施加的约束。

是因为想通过某种“和善”“慷慨”或者“开明”的方式同狡猾的敌人斗争。之所以强调换位思考，是因为知己知彼，方能百战百胜。就拿古巴导弹危机来说，若不是肯尼迪总统了解赫鲁晓夫总理的想法与感受，谈判可能就得不出什么结果——或者说，想都别想。肯尼迪总统意识到，因为美国在土耳其和意大利部署导弹的行为，所以苏联理所当然认为这存在威胁，只有移除这些导弹才能打消苏联的担心，解决冲突。否则，任何让步都没有意义。如果其中一方的做法确实带有恶意且不合理，做些让步又如何?

在所有类型的谈判中，你换位思考的能力越强——能够尽自己最大努力去了解各方动机、利益、约束条件——那么你发挥潜能解决冲突、打破僵局的选择也就越多。当你站在对方的角度考虑问题，与其说你在为对方出力，不如说你在为自己谋利。老板回绝了你加薪的请求，你觉得他无情无义；商业伙伴提出了些过分要求，你觉得他贪婪无比；政治上意见与你不同你就将他贴上恶意满满的标签，你这是将自己困在了原地，动弹不得。你的老板或许有苦难言，你的商业伙伴或许认为其要求不算过分，你的政治对手或许深信他的政见对国家有利无害。如果我们只是考虑自己，冲突只会不断升级，找不到同对方共同的利益所在，无法理解对方的想法，甚至异想天开地认为各方的共同利益相距甚远。有一颗同理心并不能保证一定成功，但没有同理心你将注定失败。

换位思考能在解决冲突时为你提供更多选择，只有更好地理解对方的意愿，才能更快地找到出路。

◎最需要用同理心之力的人，反倒是不懂同理心之力的人

我们大多数人认为自己相对别人已经很善解人意了，但是我们在同那些做事令我们厌烦或不解的人打交道时，并没有做到善解人意。而当我们处于这种境地时最需要的就是换位思考。你肯定非常了解你的朋友，同理，足够了解你的敌人，才是解决冲突的关键。

切莫将同理心和同情心混为一谈。同理心的目的是理解对方做出这样行为的原因，但并不意味着你要去赞同他们的目标和所作所为，毕竟理解对方的作为和赞同其作为是不同的。如果我们选择与对方礼貌地谈判，而不是在战场上兵戎相向，那么接下来我们就要研究其认为自身行动合理恰当的原因，尽管在我们看来这完全是无厘头之举。当你的谈判陷入困境，双方争吵不断，你并不需要赞同对方的观点，而是要去理解他的想法。

罗伯特·肯尼迪曾发表过一些言论，内容主要是一些后辈能从古巴导弹冲突中学到什么。其中他不仅提到了同理心的重要作用，还提到了换位思考的重要性：

古巴导弹危机最终和平解决，教会了我们要学会站在其他国

家的立场上思考问题。危机期间，面对赫鲁晓夫和苏联，肯尼迪总统花费大量的时间，研究最为合适的举措来达到预期的效果，他投入的精力远比其他阶段所做的事情多得多。他所做出的考量既没有贬低赫鲁晓夫，也不会羞辱苏联。[1]

最需要用同理心之力的人，反倒是不懂同理心之力的人，对方的行为越是令人无法忍受，有时候就越容易看破。

◎留有余地

双方如火如荼的对峙期间，美方的隔离政策很快就落实下来，即苏联的船只只要靠近警戒线就会被拦截。但是约翰·肯尼迪并不支持这项隔离政策，而是同意船只通过。安全理事会的成员认为，在隔离线两端美苏船队沟通的时机尚未成熟，肯尼迪因此采纳了他们的建议。经过深思熟虑，他认为或许应该给对方一些时间思考其行为的后果，这对两方间冲突的解决更为有利。同样，两方冲突期间，一架美国U–2侦察机在古巴上方被苏联击落，安理会认为这类行为可能会让美方立即发动武装回击。美国国防部部长麦克纳马拉表示："类似于向美方开火的行为无异于说明苏联妄图不断扩大冲突的心理。因为，我们派遣U–2之

1. 罗伯特·肯尼迪，《十三天：古巴导弹危机回忆录》，纽约：诺顿出版社，1969，第95页。

前曾达成一致，一有异动便立即开火。”[1]然而，侦察机虽然被苏联击落，对于军事首领提出的立即开火回击的建议，肯尼迪总统也没有采纳。肯尼迪总统推测这可能是一个意外：因为赫鲁晓夫不会在局势如此紧张的时候贸然发动攻击。我们最好不要莫名假设说局势会越来越糟。事实证明肯尼迪的想法是正确的，因为击落侦察机的命令并不是赫鲁晓夫下达的。

为减小冲突不断升级的风险，最好的方法就是做一些让步，多一些宽容，以免引发报复行为。当某一刻你觉得别人逼迫你的时候，先别着急攻击回去，首先应当弄清楚这到底算不算是恶意刁难，是否乃故意所为，还要弄清楚这样做的原因是什么。若你的对手咄咄逼人，你很确定他是故意为之，那么理所当然会有一些下意识的反应（但是，你知道，这样的选择并不算好）。一般来说，根据先前情况来制定你下一步的回击方案，但你也可以开拓另一种思维来酌情处理。为了减少误判对方意图而扩大冲突的可能性，约翰·肯尼迪不仅给对方留有情面，同时也明确界定哪些底线是不可触犯的。如果肯尼迪总统仅仅凭借个人感觉坚持报复苏联而发动海上攻击，那么双方之间的冲突将会一触即发。

双方都要留有余地。如果因为误解而报复对方，冲突只会不断加剧。

---

1. 罗伯特·麦克纳马拉，补录采访《奇爱博士：怎样停止忧虑，让我爱上炸弹》，（1965）第40周年纪念发行版，哥伦比亚三星家庭娱乐公司，2004年发行，DVD。

◎战略灵活性和可信性

做事留有余地并不见得就要付出许多。如果你不回击，而且所用方法也很留情面，说不定别人觉得你实力不强，优柔寡断。假使对方敌意太强，再加上投机取巧，可能变本加厉欺负你。基本来说，你是要在战略灵活性和诚实守信两者间取舍了。因为顾着战术灵活多变不死板，肯尼迪总统每次都冒着失信于民众的风险为苏联留有情面。

可信性指的是——让他人看到自己坚守承诺的程度并帮助自己说服对方做出最恰当的判断。战略弹性指的是一旦发现原先的方法有失妥当就做出改变决定的选择——这有助于我们决策时做出最明智的决定。我相信我们每个人既想守信又可灵活变通。然而，越是变通战略，对方越是认为我们毫无诚信，反之亦然。打个比方，如果你公开承诺某项决定来提升自己的可信度，那么这个决定不可随意变换，因为你选择了可信度，所以无路可退。私下的承诺可以灵活变通，但是很明显你这个诺言的可信度也很低。

通常情况下，你要在保护战略弹性和维护自身可信性中抉择。

◎避免困住自己

有些时候你可能觉得失信一回没什么大不了，因为你发现之前的承诺（一个最后期限或者给自己下的最后通牒）会令你损失惨重。但一般情况下，哪怕代价高昂，你也会坚守承诺。就我的经验来说，完全避免在两者之间取舍的可能性很小，或多或少取决于你认为何种选择是明智之选。如果你能遵守如下规则，可以避免很多冲突发生：不要急着给自己下定论，或者应该避免去给自己定什么最后通牒。因为有时无须定论，反倒能达到目的。换言之，从很大程度上讲，若非必要之时，千万不要下什么定论把自己逼进死胡同。

若非完全遵从，勿轻易一锤定音。甚至有时，要找到灵活变通的方法。

◎不要强迫对方在识时务和留情面中做选择

同样的问题也会存在于谈判桌上的另一方：开始谈判时，他们想在维持自身可信性和灵活变通策略上收放自如。这也是为什么在肯尼迪眼中，赫鲁晓夫并不算恶意满满，敌意深重。真正令冲突升级的是那些自作聪明的敌人，他们掉进了陷阱之中，认为交战才是唯一选择，不然就是懦弱的表现。结果表明，正是因为肯尼迪没有将赫鲁晓夫置于邪恶的一方，认为自己只有迎战和后退两种选择，才做出了如此明智的决策。罗伯特·肯尼迪在有关危机的记载中说道：

我们必须承认，谁都不想在古巴境内开战。但是双方都有可能因为采取一些动作——为了“国家安全”“民族自豪感”或者“脸面”——而需要对方有所反应。反之，同样因为安全、自豪感或者面子，也可能产生不利反响，最终导致冲突加剧。这正是总统先生尽力去避免发生的事情……我们并非不公正对待另一方，错估他们，做些无用的挑衅行为，甚至鲁莽地将对方推入一个让我们意料不到接下来如何发展的境地去。[1]

不要强迫对方在识时务和留情面中做选择。

◎小心知识的诅咒

双方对峙期间，如果采用“温和缓攻”的策略，肯尼迪总统必须向国会领导们报告在古巴发现的最新情报，还有美国接下来的打算。但是国会那边情况并不如意。他们指责总统此项政策收效甚微，虚软无力，甚至苏联可能会因此大胆入侵。肯尼迪总统和他的团队对此既表示理解，但也感到烦闷。大多数人觉得国会的想法太过天真，目光短浅而且一点都不人道，其中罗伯特·肯尼迪的感觉尤为强烈。在那时，约翰·肯尼迪曾告诉过他弟弟的一些话，在我看来最能体现总统的人格。罗伯特·肯尼迪回忆道：

---

1. 罗伯特·肯尼迪，《十三天：古巴导弹危机回忆录》，第49页。

> 在同国会领导人会晤之后他烦躁不已。随后我们讨论的时候，他却冷静地指出，虽然国会议员们的反应比他激进太多，却和我们上周二刚听到苏联部署导弹的消息时的第一反应一样。[1]

约翰·肯尼迪曾说，在危机爆发不久之后的日子里，安理会的成员们关起门来就此事思考后进行讨论，不断更换策略，甚至整夜睡在会议室，为了克服困难，解决不完善方案带来的问题。经过几日不眠不休的讨论，最终得出结论，认为进攻方案愚蠢至极，虽然缓攻方案还不够完美，但是不失是一个好主意。约翰·肯尼迪给罗伯特·肯尼迪出了这样一个棘手的问题：究竟何时国会能通过这项决定？我们花了这么多天能达到一个什么样的程度？尽管约翰·肯尼迪对国会的想法忧心忡忡，但他仍旧提醒自己的弟弟，我们不应该将对国会的要求定得比自己还高。

约翰·肯尼迪原本提出了社会科学家口中“知识的诅咒”之概念。所谓“诅咒”描述了如下这种现象：一旦我们习得了某些知识，就会不理解获得该知识以前的状态。也就是说，一旦我们学到了一些知识或者得出了某种结论，我们就再难理解学习之前的想法，或者不理解还未弄懂该知识的人——但我们忘记了，未学之前我们也无法理解。这种偏差会耽误我们之前向正确方向努力的进程，背离了我们的初衷：父母想方设法激励我们，老师不辞辛苦教书育人，老板不顾身

1. 罗伯特·肯尼迪，《十三天：古巴导弹危机回忆录》，第43页。

份鼓舞员工，谈判者们千方百计劝服对方。在这些领域中，如果我们不记得本来就很浅显的事情，而且对手也不一定心知肚明的情况，对我们来讲百害而无一利。但你能说对方就是错的吗？

小心知识的诅咒。一旦我们习得了某知识，就会不理解获得该知识以前的状态。

◎不要只准备你的论据，还得有听众才行

所谓的“知识的诅咒”让我们明白，无论是商业谈判还是外交工作，走进谈判场不应只是带着自己准备的谈判材料，并期望今日大获全胜。我们要努力获得更多人的支持，与此同时，在对方能接受自己观点的合理之处之前，我们也要考虑对方的看法、感觉，以及是否有同样的经历、能不能很好地理解。如果没有人愿意倾听、理解、领悟、评估我们所持的观点，无论我们的论点有多充分、建议有多合理、选择有多明智，在谈判上也毫无用处。

不要只在意你的观点，也要有听众才行。

哈佛大学的谈判项目组每年会举办一次杰出谈判人才奖的评选活动，竞选范围从外交官，到商业谈判员，甚至包括艺术家在内。评选活动中有一个问答环节，每一位参选者都无可避免要回答这样一个问

题：一名优秀的谈判者身上有什么特质？许多盛名在外的参选者所给出的各式答案中（他们曾多次身处不同环境中跨文化谈判），能让我们发现一些端倪。有这样一个特质反复提及：即要有同理心。当你为商业交易、种族冲突、工作竞争、有关婚礼的不同意见或者国际贸易等种种情况谈判时，尝试去理解对方对局面的看法至关重要。

能够站在对方的角度思考问题，既能扩宽解决冲突的方法和思路，也能谈成双方皆能接受的结果。但前路依旧崎岖。有的时候，对方的行为绝对算是不怀好意——而你的处境也愈发危险，每况愈下。该如何利用同理心来帮助自己脱离困境呢？在下一章，我们将遇到这样一种境况，接下来让我们一起看一下如何利用同理心谈判，扭转战局吧。

第十四章
利用同理心之力

枪指着脑袋达成的协议

我曾经帮我的一个客户——它是一家由美国本土技术支撑的企业——同一家中国的公司谈判商业协议（CA）。[1]其实这两家公司之前就有另外一个协议：我加入进来的一年前，他们签署了“共同发展协定”（JDA）。根据共同发展协定的条款规定，中方公司若为了拓宽发展并进行测试工作而使用美方的技术，需要支付费用。与此同时，他们也要为公司产品设计生产设备。作为回报，美方公司将提供中方早期的产品使用权，并派遣工程师进行技术支援，为两方长期合作做准备。虽然两方都没有必须签署商业协议的硬性规定，但双方合作所带来的利益数量可观。

共同发展协定就像一张路线图，上面布满了节点，每一个节点都清晰地描述了自己或双方特定的责任（比如提供数据支撑、共享未来规划、按时支付款项等）。每当一个节点的任务完成之后，双方要在上面标记“完成”，之后才能开始下一个小节。一切都有序进行——

1. 有些事例为了不暴露个人和公司的信息，在一些例子的细节上有所改变，或者故事跳脱出现实之外，但是故事的本质和能学到的经验教训没有变化。

但不久，突然发生了变故。问题出在第2.8小节，中方拒绝标记完成。这一环节需要我方写出产品的10次测验结果报告（包括产品效率、耐久性等），之前的9次测试结果非常好，算是“超常发挥”，但是第10次的测验结果远低于我们设置的标准，但也没有对产品造成什么实际的影响，没比之前差到哪里去。双方之前完成标记的节点，每一次的结果都远高于预期，所以这次也标记完成并非难事。当然，建立在双方都想将第10次的测验结果含糊过去的基础之上，他们可以这样选择——而事实上，双方也决定含糊了事。

正常来讲，履行共同发展协定期间稍有延迟或暂时中断并不是什么大事。在这个案例中，我的客户最忧心的是中方现在不愿立即标记这小节。几个月之前，我的委托人同风险投资家（VCs）商议了有关对公司追加额外投资的事情，他也同意了在条款单上（合同之中）增加几条特殊规定。其中一位风投家对我的委托人出的高估价（将近20亿美元）表示质疑，认为他将希望全部寄托在一切不发生意外，产品按时上市上面。但是谁能向风投们保证未来两年之内毫无变数？为了兼顾双方的利益，照顾双方的感觉，我的委托人同风投们达成了如下协议：如果未来几个月不出意外的沿原定轨道有序行进——其实完全取决于中方能不能在9月底之前标记完成第2.8节点——将追加20亿美元的投资；如果不能，投资金额将削减为10亿美元！总而言之，只有第2.8节点标记完成，才能拿到另外10亿美元投资。

现在是8月的第一周，中方还是不愿意在第2.8小节签字。我们催促中方尽快完成标记，他们却回复我们不应困在完成标记共同发展协定的节点之中，而是应该赶紧将商业协定的条款最终确定一下，还说道“毕竟商业条款才是正事”。面对我们的坚持，他们将事态变得更加糟糕，“现在我们先将2.8节点和共同发展协定搁置一旁，开始商量有关商业协定的事情。我们正式签署商业协定的那天，就是我们标记第2.8节点的日子”。

首先我要澄清两点。第一，共同发展协定的节点同商业发展协定毫无关联，之前的讨论也没将两者混为一谈。但是中方为什么突然就提出这样的要求？第二，如果将2.8小节的标记和签订商业协定放在一起实在太过纵容中方，给了他们太多的筹码。如果不是他们用迟迟不标记2.8小节来威胁，我方在商业协定的签署占据非常有利的位置：我们没做出任何有约束力的承诺，也有其他人想要同我方合作。况且，中方在合作关系上投资颇多。当然，我们很乐意同中方签署协定，因为我方在商业协定中有很多筹码来维护我们的经济利益和战略目标，前提是没有第2.8小节的事情。现在对方手中握有王牌：推迟标记2.8小节，最后拖到我们不得不答应他们的要求，但是我方所做出的退让，基本跟高额的10亿美元估价持平。

他们现在握着筹码，我想他们也知道，而且正打算以此出手。但是站在我方角度看，他们根本没机会能悉知我方同风投商签订的条款，而且从理论上讲，谁会相信风投商和对方互相通气呢？有没有可能是前几周同中方负责此事的人员讨论时，我方有人告知了标记2.8节点对我方的重要性，或者说我们表现得太过急切了呢？也不是不可能。关键是我们现在身处险境，该如何是好？

◎不伤财，不劳神

现在这种状况引发了我方极大的不安，同时也很愤怒。我们共事一年之久，都遵守承诺，而现在中方拿捏住我公司估价投资之事妄图让我们在商业协定上做出让步。我们没有太多的选择权，而且每一个方案都不理想：

第一，将注意力放在商业协定上面。应对方的要求，我们可以开始就商业协定谈判，在9月底之前在商业协定上达成共识。如果可行，大概4—5周就能签署协定。但是风险仍在，如果9月末双方还没达成共识并得到双方都满意的结果，我们将以巨大让步结束谈判。

第二，在对方面前完全透明。也许我们错误地认为对方已经知道了我们的资金问题，对我们敌意颇深。也许他们只是因为觉得2.8节点不太重要而迟迟不标记。这样的话，我们就可以告诉对方我们同投资商的事情，和我们现在的处境，以便对方能标记节点来帮助我们，但是风险仍在：也许之前他们并无恶意，但是我们显露出如此迫切想标记的意愿之后，他们可能以此作为筹码。

第三，以强硬手段要求标记2.8节点。如果不是标记2.8小节之事，我们在商业协定上更具攻击力和威胁力，可以拒绝谈判的要求。但是现在这不是明智之举，而且不利于双方的友谊关系。另外，现在撤走商业协定无法解决投资削减的燃眉之急。

第四，谈判商业协定。我们可以同中方谈判商业协定，同时尽力让风投商取消削减投资的条款。我们大可正当宣布这项协议不利于公司今后的发展，而且也过于浪费公司财力。

前三个方案的风险太大，只有方案四我们认为还算可行，可是结果我们也不太满意。风投商对我们的困境表示理解，但并不会改变削减投资的条款。我们将希望寄托在风投商身上，不断同他商议，并期望在9月底约定的期限步步逼近时，他能够变通一下。我们团队中大部分人都坚持采用第一个方案，同中方在期限内达成商业协议，并且得到双方都满意的结果。虽然我们已经在我们“搭档”那里连续受挫，可是协议依旧谈不拢。

但是说不定还有别的路可以走出困境呢。

在我看来，所谓困境的关键是我们不知道自己究竟想解决什么问题。换言之，现在我们还是不知道中方为何拒绝标记2.8小节。当然，我们做出了两种假设：（a）他们确实不怀好意，想以此作为筹码；（b）他们确实不太在意共同发展协定，而且认为将目标转向谈判商业协定，现在是最好的时机。还有别的可能吗？我们不止一次问过中方不愿意这样简单标记一下的原因，他们的回答多少有些模糊不清，而且也不是特别指向第10次的测验结果。所以我们尝试从别处寻找答案。我们将本公司曾同中方接触过的一些人召集起来，集思广益，找出原因。究竟有多少种可能的原因使中方不愿标记？在我们列出的详尽的可能性中，有额外两种动因我们未注意到：

1. 问题可能出在第2.9小节。在第2.8小节完成之后，中方就要开始一种计时制度。根据这种计时制度，他们在一年之内必须完成我方产品制造设备的生产。有没有这种可能，因为他们的进度落后于时间表，所以想要拖延第2.8小节的标记来为第2.9小节争取时间？如果他们进度确实落后于时间表，那将会给他们的总工程师造成巨大的压力。另外，要想完成第2.8小节的标记需要以下三个人的签字：公司总裁、董事会成员，还有总工程师。会不会是总工程师将测验的结果通知了董事会，因为他有可能是最不想继续向前进行的人。

2. 还有一种说法，认为问题出在第3.1小节上面。2.8小节之后很快就会到第3.1小节，因为第2.9小节是自动标记而且第3.0小节的任务也很简单。当这两个节点都标记完成后，中方需要向我们另外支付200万美金。有没有可能是他们想延缓付款所以拖延第2.8小节的标记？先前，中方向我们抱怨过时不时给我们开支票的事情，尤其我们看起来财力十足，而在商业协议上他们没得到任何的保证。

我们不知道应该解决哪一个问题——而且对方也不承认是出于这些考量才迟迟不在第2.8小节上标记——基于此，我们决定两个问题一起解决。但是仅解决他们的这些问题是不够的。作为回报，我们必须确保他们尽快标记第2.8小节。我们呈给了他们一个三步走的提议：（a）我们将同中方一起将支付条款和12个月的时间表修改润色，用来弥补我方没有通过第10次测验的过失，做出一些退让；（b）作为回报，对方应该同意搁置商业协议的谈判直到他们标记第2.8小节为止；

（c）如果9月15号我们还是没有收到对方标记完成的消息，那么在第2.8小节标记完成之前，我公司将中止与对方的合作。总而言之，我们其实为对方提供了很大的灵活空间，尽最大可能完成对方的要求，作为交换，在节点标记之前先不提商业协议的事情。我们走了一步险棋，好在对方还是同意了。在接下来的几周，我们达成了分期付款的协议，同他们的总工程师修订了时间表，而且我方还提供了工程技术支援，来帮助对方按照原定一年规定的交货日期生产出设备。同投资价格的削减和谈判商业协议相比，我们做的让步根本不算什么。

短短数周，两方似乎达成了共识，关系更进一步，每一方的需求都得到了对方的重视，也没有再纠结于第10次的测验。但是最后的大危机正在逼近。之前同中方说定的这些议程最迟9月27号能完成，但那时还未到标记2.8节点的日期。看起来标记似乎一定会延迟了：因为他们的人员签字的准备工作未完成，文书工作也未完成，所以还不能签字标记完成。他们说会在两周之内整理好文件回复我们，可我们现在怎么办？

经过一晚上的商议，我们决定使出最后一招：告诉他们实情。我们告诉中方总裁，眼下如果他不立即签字，我们就拿不到200亿的完整资金，而且深陷泥沼。为什么我们这样做？我们做好告诉他之后所承受一切风险的准备了吗？其实这种唐突的做法是有原因的——并不是深陷绝望，而是绝处逢生。我们告诉中方总裁，虽然我方可以走常规手续等待文书过后到达，但是明天我公司就要向风投商出示邮件来证明我们两方就2.8节点问题已经明确达成共识。如果你同意的话，我们甚至可以将邮件的内容编辑好传过去；而他需要做的就是复制粘贴就可以了。隔天他就回复了邮件，我们保住了那额外10亿美元的投资。

◎发掘对方行为的潜在原因

当对方特别强势而且做出一些肆无忌惮的行为的时候，你的选择似乎不会太多。我们觉得困在了某处无法动弹，这样想可就错了。我们错误地判断一些潜在的问题，其实有许多可用之法不会立刻显现出来。之所以事情出现了转机，是因为我们摒弃了之前认为对方怀有敌意而且要对我方不利的假设。同时，将我们板子上的痕迹抹去（从文学角度讲——我们只有空出来某一白板上的空间，才能更好地拓宽思维，来一场头脑风暴）然后提出这个问题：有多少潜在的可能性能来解释对方的行为？

对谈判者来说有一点很重要，就是研究除了因自身能力不足或者对方带有邪恶意图之外，还有什么原因能促使另一方做出一些带有侵略性、不正义、不道德而且看似毫无理由的行为。当然，你可以在进行详尽的查问之后推测出他方确实有所企图，可是一开始最好先别这么想。从这么多案例上看来，基本都是有其他缘由的。比如在这件事上，中方抓住2.8节点不放确实不算光明磊落。但是我们团队当中也有人认为他们延迟了额外200万美金的付款倒也是可以理解的，因为他们为合作也投资颇多，却没从我们这得到什么益处。同样地，我方也有一些人表示可以理解中方工程师，因为对他来说，那张时间表设计之初就有些不切实际。如果他完不成进度，一定会认为他不守信用，说不准一年之后就该让他回家休息去了。他运用一些专业技术，设法利用我们第10次的测检结果为自己争取一些时间，这倒也无可厚非。然而，无论种种意图在我们看来有多么合理，重要的还是他们的想法。如果我们能够收起武器，集中精力研究对方的其他动机，而不是判定他们太过贪婪，我们就有更多的机会解决冲突问题。

要从多方面找出对方行为举止的潜在原因。不要一开始就觉得对方不怀好意、动机不纯。

◎明确心理障碍、结构障碍、战术障碍

不是每场谈判最后都能有一个结果。如果你提供给对方最佳待遇而他们却做出了稍差的选择，谈不成协议说不定更好。没有达成共识只有在以下这种情况才算是悲剧：对各方来说你是很好的合作伙伴，能为每一个人都创造价值，但是前进的路上也有一些障碍。就像谈判之前要尽可能罗列出对方的行为动机一样，在一些重要的谈判场合，尽量去预测能够破坏谈判的各种因素同样重要。究竟克服哪些障碍才能成功谈判、达成共识呢？

总的来说，遇到以下三种类型的障碍，谈判者应该小心为上：

心理障碍：这种障碍存在于人的思维之中，比如多疑、自负、对另一方没有好感、过于情绪化、对公平抱有偏见和过于自信等等。

结构障碍：这种障碍与很快建立起来的“博弈规则”有关——比如，时间上的压力，谈判桌上不怀好意的对手，你的代理人出发点与你相背离，太多媒体的关注，许多无效无用的信息，限制你选择的条条框框，等等。

战术障碍：这种障碍主要来自对方的行为和选择，比如公然许下承诺，到达了某点却站不稳脚跟，攻击战术引发对方的报复，视线仅仅集中在某一个问题上而忽略了其他各方的利益，拒绝交换信息，等等。

无论是身处复杂的谈判场，还是遇到难以解决的冲突，你肯定不希望碰到这些障碍，如果碰见也不见得愿意去克服它。但是你若为此而努力，实际上会提高你成功的概率。有一件事你应该明白，无论是否需要找到解决双方互不信任的办法，都应该汇集广泛的信息，并将另一方带到谈判桌上关起门来讨论问题；或是抢先使用进攻之策，之后却因盲目信任而持续向前。遇到这些障碍，都要尽快克服，才能想出对各方皆有益处的解决方案。你越是小心评测你所遇到的各种挑战，越是能全面考虑自己部署下来解决问题的各种手段和方案，你为之所做的努力才越是有回报，成功的概率才会越大。

无论是谈判之前，还是整个谈判期间，不能忽视阻碍达成谈判共识的心理、结构、战术这三种障碍。

◎全身投入其中

想象一下你走在街上突然冒出个人袭击你，在你察觉之后，一定会为了自卫有所回击，依靠本能出拳打在他的头上。在这紧要关头，你可能会一次又一次出拳。但这并不是最有效的方法，尤其面对着一个身手不赖的袭击者。这时，你应该使出“全身之力”。不要将目光集中在一个目标上，或者只用一种办法回击。如果是一个经验丰富的战士会调动各种可用的工具回击（比如双手、双脚、膝盖、手肘及周围一切可以用来自卫的物品等），同时判断可作为目标攻击的潜在区域。

在谈判场和外交工作中也是一个道理。经验丰富的谈判者会使出浑身解数来判断自己需要克服的所有障碍，然后找出所有可用的方法和手段来达到目标。在这次谈判中，我们几乎想到了所有潜在阻碍标记的可能性，比如：给工程师的时间期限是不是太短，中方总裁会不会有不签署商业协定就没法获利更多的想法，还有我方签订的投资贬值规定之条款对其有没有影响。我们也认真罗列出能够克服这些障碍的可用手段。比如：同投资商谈判，从我公司调动一切力量找出对方行为的动因，重新规定支付条款，借用我方技术资源帮助对方解决工程问题，同时也稍显我方实力，如果对方不尽快标记完成，我方将以中止合作作为威慑。如果我们只采用“硬性战术”（威胁中断合作）或者“温和方案”（满足对方调整支付条款和时间表需求）的话，我们不会成功解决危机。各种战术齐头并进才是行之有效的策略。

全身投入其中。判断出所有的阻碍，从各种方向思考问题，调动一切可用之筹码为你服务。

◎对最后通牒视而不见

能够冷静判断对方侵略行为的多种可能性，同时静下心来全身心投入判断之中并不简单。尤其对方做出略带侵犯的行为和要求，甚至散发出威胁和不容置喙的意味时，更是难上加难。

我们在各种大小的谈判场上经常能够听到太过绝对的话语：比如，“我们永远不会……”“不会出现这样一种情况……”“你必须……”，再有就是“这不可能”。当听到这种类似于最后通牒的表达时，大多数情况下我都不太在意。不管是何种类型的谈判，或者谁把话说死了，我通常视而不见。我不会要求对方说清楚他是什么意思，或者让他重复刚才说的那些话，对于这类最后通牒的话语，我不会有太大的反应。相反，我就当他从来没说过。原因如下：一天之后，一周之后，也可能是几个月或者几年之后，他们就会意识到，他们曾经说永远不会做的事情到头来一定会做，他们嘴上说自己可能不会去做的事情，往往正是其利益所在。如果真有这么一天，但愿他们还记得信誓旦旦地保证过不会这样做——也许他们也正担心我会不会记得他们曾经做过的承诺！如果我本身不太重视那些话，他们就可以轻易地改变自己的策略，不再坚持之前的定论。我并不想将对方推入艰难抉择的境地，即强迫对方选择固守最后通牒还是去做对他或对我最有益的事。

当然，盖棺论定不是没有正确的时候。如果这样，贸然忽视岂不是很危险？当然不。事实上，如果对方给出的承诺一定能做到的话，他会一次又一次在各种地方用各种形式不断强调。有的时候，我会根据对人员和情况的判断来决定要不要认真看待这种太过绝对的承诺，如果接受的话对对方就是一股强大的约束力。也有这种情况，比如谈判中定好了许多绝对条件，但绝对不算是“红色警戒”或者是不能通融的事情。比如人们觉得有些愤怒和心烦的时候，确实会说出一些不必要的冒犯之语。有时候另一方会觉得自己被摆布了太长时间，所以只是想要回一些主动权。尤其是在跨文化谈判的时候，也会出现妄下定论的情况，也许仅仅因为翻译在关键之处犯了个错误，或者是因为独断之人沟通方式的不同。有时候他们只是为了强调这个问题对他们来说很重要，并试图让你做一些让步。以上种种情况，忽视那些太过绝对的话语能避免出现双方因言语冲突不欢而散的情况。

别太在意过于绝对的承诺。若是局势发生改变，你越是在意那些言语，对方越没有余地后退。

◎对最后通牒重新措辞

“忽视最后通牒”的策略不适用于所有情况，有时也要做出改变。当我认为某些话可以不用重视之前，我会先将其视为普通要求加以重述。比如，我听到某个人说“某事我们办不到”，之后我会将这句话重述为如下之意：“今天所谈之事，让你去完成着实有点强人所难……”这样一来，对方生硬的言语在我这里变得更加生动。如果他们最终意识到完成这件事是明智的选择，那么至少有两种方法能帮他们将之前说过无法完成的话语圆回来。他们必须承认，是受到“今日处境下无法完成这项任务”这一观点的约束（但是这种约束力不是长久的），而且在这种处境下“很难”向前移动（当然这也非绝对）。待我们的思维一开拓，处境也便没有之前那么糟糕，未来的日子里一定就可以做到。

若重新描述盖棺论定之言语。语言变得生动一些，你也是在给对方留有回旋的余地。

◎今天谈不成之事，或许明天会有转机

境况会随时改变，新的机遇也会涌现。今天看起来完不成的事或许以后就能做到——但你一开始就要有所准备。回想一下，有时候我们能够非常设身处地地考虑对方的想法，但是我们的问题却完全没有解决：直到最后期限前几天，我们才告诉中方总裁为什么我们如此急需标记完成第2.8节点。为什么我们这样做？是因为我们深陷绝望，无路可选吗？并不是。事实上，尽管只有三天期限，我们也没有感到绝

望，因为我们有足够的信心，能够确保中方总裁不会抓住我们对第2.8小节标记完成的需求不放，进而要求进行商业协议的谈判。这也是我们一开始就制定好的战略中的一部分：因为我们预想到总有一天会将我们所处的困境悉数相告的可能性，所以才会有第2.8节点标记完成之后，才能开始商业协议的谈判的要求。因为要想在商业协议谈判中取得一点成就至少都要一个月，要想双方达成共识，谈判出一个结果，则需要更多的时间。虽然现在距离我方最后期限只有三天，但中方总裁若想借题发挥，在商业协议上获得更多利益根本连门都没有。他迟迟不肯在第2.8小节上签字纯粹是想给我们点厉害瞧瞧，没有什么物质上的利益，无非就是让他未来的合作伙伴吃点苦头。

我们也有能力，在保证安全的情况下使用余下的那一个方案——对中方毫无保留地将实情全盘托出——因为我们已经谨慎地考虑了使用这个方案最终会带来什么结果。无论是8月初我们制定的第一个策略，还是在整个谈判过程中，我们从未被现实蒙蔽了双眼，中方对我们借题发挥的原因，从来都不是因为我们需要他们在第2.8节点签字。他们之所以牵制着我们，是因为我们需要尽快完成签字这件事，就是这件事给了他们能力，借此机会想要在商业合同谈判中压榨我们。我们通过延迟商业协议的谈判拿走了他们的筹码，所以即便是快到最后期限，他们也没有办法用第2.8节点作为筹码与我们谈判。

在所有类型的谈判当中，有一点至关重要，就是要注意战略环境随时间发展的动向——还有你如何控制其发展。一定要记住：你认为今天谈不成的事情也许明天就能成功。有的策略也许在谈判早期显现不出其作用，但是以后说不定是最安全的，同时也是能带来最大利润的方案。你的分析和方案也许第一天可行，但第二天就发现不适用了。一周之前对方不同意的事情说不定现在就能接受了。每一天看待世界的眼光都是不同的。

另一方对于谈判的看法不会在几周、几月，或者几年之内就改变；当然，会不会改变也完全取决于你的做法。在之前古巴导弹危机的案例当中，我们也提出过相似的观点。约翰·肯尼迪总统曾告诉过罗伯特·肯尼迪，虽然无法让国会认同我们现在的做法，但是他们的观点可能会在几天或几周之后改变。同样，在这次与中国公司的谈判中，虽然我们也认为有一天将自己的状况和盘托出风险太大，但是一个月之后我们做出了这样的决定，这是因为我们不再处于不断让步的境况之下。1992年的美国全国曲棍球联盟劳资协定谈判案中也出现了同样的情况。球员们的胜利建立在破坏双方未来的关系之上，却强调了在谈判中时间的重要性。球员们明白，谈判的时间与谈判的方式同样重要：除了一开始在赛季之前全体罢工之外，他们一直在等待，直到对方束手无策之时，才正式出招。

谈判伊始就能理解对方的想法，站在他们的角度考虑问题，还是远远不够的；我们还要持续观察，看他们是否会改变策略，怎么改变，还有随着时间的推移对他们有什么影响。

你认为今天谈判不成的事情也许明天就能成功。从各方面好好思考一下，究竟选择何种方案，会让接下来的谈判更加圆满。

当然，有时候你站在对方的位置上思考只是更加确信他们会一直坚持自己的观点。有些时候，他们会固执己见，不愿改变，甚至什么都左右不了他们的想法。下一章，我们就会遇到这种情况，让我们来看看有什么办法能打破僵局吧。

第十五章
以退为进

向沙特兜售现代化

1965年，沙特阿拉伯的国王费萨尔（Faisal）遇到了一个问题。他刚刚上位不久，就开始大刀阔斧地推行国家急需的经济和社会改革。这些改革都出于同一种原因，要将“为所有公民重建光明”的想法变为可能。费萨尔把电视机全国普及计划提上了日程，但是他现在遇到一个问题：不是所有人都相信电视机是没有副作用的科技产品。许多宗教保守派认为电视机出自恶灵之手，有一些极端分子进行商讨之后，将电视机比作头戴恶魔之角，手持恶灵铁叉之形象，犹如美国星条旗一样。很多情况下，可以预料到一些宗教人士对高科技产品的引进会持反对意见。怎么样才能劝服人们不再视电视机为恶魔活动的一种媒介？费萨尔很幸运，因为他不是第一个面对这样棘手问题的沙特国王——他的父亲也遇到了同样的问题。

1925年，沙特阿拉伯还处在伊本·沙特（Ibn Saud）的统治下。他是一位非常厉害的统治者，在位期间巩固了国家统治，也鼓励宗教的发展。他也遇到过棘手的问题。他想要在国家推广现代科技——比如电视机和电话。想必你也猜得到他遇到了什么困难，是的，在很多有一定影响力的宗教人士眼中，这样的电磁通信工具，唯一合理的解释就是恶魔制造。这种言论之中，究竟有多少是因为真的担心，而又有多少是想借此阻碍沙特的现代化进程？无论是何种情况，国王都心知肚明，如果不打消宗教人士的疑虑，就不可能在推行科技发展中取得进步，不管这些宗教人士究竟是真的固执地认为科技是恶魔制造，还是仅仅为了消费大众心理。

◎不伤财，不劳神

伊本·沙特意识到，想要彻底扭转宗教人士对此的异议态度，只有从宗教本身出发，而不是在周围一直打转。因此，他邀请了一部分宗教领导者到王宫去，让其中一人拿着麦克风，其他的人都站到通信设备的末端。之后，他让对着麦克风的人背诵穆斯林圣书《古兰经》（Quran）某页。声音通过诵读者传到另一端，伊本·沙特的观点最终在争议里获胜：如果这些高科技设备出自恶魔之手，怎么可能传递得了《古兰经》的文字？[1]

伊本·沙特用这种方式克服了这个阻碍，激动不已。25年之后，也就是1949年，他用同样的方式将电台推广到沙特阿拉伯。为了平息电台被恶魔操纵的谣言，第一条广播信息的内容就是朗诵《古兰经》。也许是巧合——或者也可能是为了进一步吸纳更多宗教人士的支持——电台首次开播的典礼就选在了麦加朝圣（Haj，即穆斯林教徒

---

1. 约兰·拉尔森，《幕后的呼吁：伊斯兰教对使用电话的意见》，《穆斯林同新媒体无论在历史上还是近代上的争论》，阿什盖特出版社，2011年。

朝圣）的时候进行。

费萨尔之前做了许多无用功，后来他借鉴了父亲的方法。1965年，在一片关心与争议的声音之中，沙特阿拉伯第一个广播电视台揭开帷幕，而播放的第一个节目就是朗读《古兰经》[1]。这是继他父亲之后同一家族中又一个受到感召，用《古兰经》将恶魔赶出高科技之外的人，这也创下了世界纪录。[2]

◎以退为进

我非常赞成大家在谈判早期就积极去构建整个流程的框架。当你别无选择的时候，我建议尽快重新审视这次谈判。但有时尽管这样做也没有成效。有些时候，主要框架已经构建完成，并以一个良好的视角记录了一方或多方如何看待自己的处境。有时候谈判和冲突迟迟没有结果，是因为每方都各执己见，不愿退让。这种情况会发生在家族企业谈判、种族冲突问题，甚至是同供应商、消费者、商业伙伴还处于健康且长期的良性的谈判环境中。有时候主要框架并非建立在各方相互影响的特定环境之下，而是反映出文化和环境因素对双方的影响。

大多情况下，让另一方改变或放弃他们的想法既困难又费时，而且重新构建谈判流程也意义不大。沙特国王向民众推广电视机、电

1.《大事记：沙特王室》，《前线》PBS，http://www.pbs.org/wgbh /pages/frontline/shows/saud/cron/. 2015年6月25日访问。

2. 这个故事的尾声并不完美。尽管费萨尔国王成功将电视引进沙特阿拉伯，但是一些抗议活动和骚乱紧随其后。这些抗议分子中有一位是国王的侄子，也就是哈立德王子，他在抗议活动中被杀害。10年之后，也就是1975年，哈立德的兄弟刺杀了国王费萨尔。

台、电话的例子证明，当所有方法都毫无用处的时候，你可以先克服自己观点里阻碍你发展的因素，以退为进——也就是说，弄明白对方的想法，让其为你服务。如果这样，就无法用有效或者无效来评判科技，而是看其代表善还是恶，沙特国王不再一直坚持自己的想法，反而去接受对方的想法，重新审视之后拿来为自己服务。这就能确保他如此解决问题的方式，也能够同人们普遍判别是否属于善良的范畴相联系起来，打消他们的疑虑。以退为进是武术界经常提及的一种方法：如果你重新找到一个突破口，而不是一直坚持用自己的力量迎上对方的攻击，那你前进的力量将潜力无穷。同样，在谈判之中，以退为进强调的是“进攻”，而不是“让步”。能将这种方法做到行之有效，必须非常了解对方关于时局的看法，正确判断他们接下来会使用什么样的策略。

有时，面对对方的固执，最好的方法就是以退为进；理解并接受对方观点，并让其为你服务。

◎宽容地看待不同的观点

有时候谈判场上并没有一个主导的中心思想，而是双方各执己见，势均力敌。双方都坚持认为自己的想法才能解决问题，而且解决问题的想法也互相矛盾。遇到这种情况最行之有效的办法就是互相宽容：在一方不失去自己优势的情况下也尝试着去接受另一方的想法，或者是两方共同构建一个互利共赢的新框架。

就在不久前，我同一位私立学校的校长谈过几次，他正在为了教师薪水的问题发愁。教师的薪水评定主要是依靠他的资历——你工作的时间越长，工资就越高。而现在，学校的捐赠商要求改变教师薪水的评定方法。他们希望以业绩为主要评定方式，而不是以资历为主。他们是这样想的，老师薪水的评定标准，既要看学生的测验成绩，也要看校领导听课后的反映情况。学校的老师都不喜欢这种方法，他们认为按资历评定有理有据，因为教学时间越长的老师，教学经验就越丰富。而那些捐赠商，仍然坚持按“业绩”支付的想法。校长能理解两方的想法和考量，但是与两方谈话之后，还是在选择“资历评定”或“业绩评定”上没有任何的进展。谁也没有对自己的想法做出实质性的规划来。那还有什么办法？

我建议按照前一种业绩评定方式来决定老师的薪水。事实上，两方存在争议的并不是谁的方法更合适，随着期末考的临近，很明显所有老师都认同按绩效算薪水是个好方法。存在争议的是怎么样去计算业绩最好。事实上，老师们不断强调说谁为学生创造更大的价值，就应该得到更多的薪水——这似乎就是按绩效评定薪水的提议——他们之所以认为按教书的年限来评定比较好，是因为可以避免因校方领导的主观印象决定薪水。捐赠商认同说资历是最好计算的一种方式，有时候经验确实能帮助老师很多，但是他们并不认为资历和业绩可以直接挂钩。如果校长能够让两方都认同“按绩效评定”，且将其视为唯一的评定方法（也不用这么绝对），那么双方就能打破僵局，有些实质性的进展。但是，我们应该用什么样的标准去衡量业绩，在给出不同的方法中间选择且这种方法又能被大众所接受呢？[1]有没有可能将两方的观点合二为一？毫无疑问，双方要想在不同的标准上面达成共识，还需要克服重重阻力，如果能够承认这一点，就说明他们在看待问题上视角已经变得一致，这将有助于他们在思想上受到启发，各迈一步，在制定标准上面稍做妥协。

如果有一方能在不牺牲自己利益的前提下，接受对方的观点，那么矛盾双方很容易消除隔阂，或者在互利共赢的基础上构建新的谈判框架。

◎让步他方观点，增加我方筹码

有些时候，如果你想劝服对方接受你的观点，最好是用他们的话语去和他们沟通。虽然不一定是最有效的，但是这会让你的言论听起来更有说服力。有些时候你方观点强劲有力，有能力向另一方证明“即使接受你方解决问题的方法”，也不会让人觉得这个要求太无理。的确，费萨尔的言论就很铿锵有力，掷地有声。哪怕一开始他就寻找将冲突从“科技”领域转到“宗教”范畴的方法。同样，如果教师们想让捐赠商和学校股东重视他们的观点，就要坚定地表达自己的

---

1. 简单来看，这项交易其实是选择不同的计算绩效措施的可靠性和有效性。比如，看资历可能是最简单的得到准确计量的方法（可靠性高），但是与绩效的相关性并不算多（有效性较低）。如果评判一个老师很称职、做得很好的话，会同绩效关联性更强（高有效性），但很难精准计算，且存在主观偏见（低可靠性）。学生的成绩算是置于可靠性和有效性中间的位置。

立场，依据捐赠者的需求，找出合适的业绩评定标准措施来取代资历评判标准，毕竟按资历评判实在有点偏向个人，而且还带有某些意识形态的姿态。

让步他方观点，增加我方筹码。

◎给予对方控制权——但要视情况而定

有时候为对方选择让步也存在着风险，因为控制整个谈判框架的权力确实很重要，不可忽视，甚至是战略需要。一年前，我们同一家享誉全球，且资产高达数百亿美金的公司开启了艰难的谈判之旅。我的委托方是刚成立没多久的公司，但是其发展速度也不可小觑。另一方明确表示，他们最关键的要求之一是要我方做到如下一则通知条款：我方要提供未来几年接到的收购产品的单据，而且还要赋予另一方还价的时间。他们的要求让人无法理解：他们曾是我方公司保持良好关系的商业伙伴，但是他们不想继续合作下去，而且还出钱买走我公司全部产权，到现在既不愿清醒地看待这件事，也不愿意承认。

没错，这种状态给我方在未来以最好的价格出售公司强加了太多约束条件。如果对方想买下我方公司——或者说他们买下的可能性很大——他们应该知道，其实还有许多收购方看中我们的公司，甚至也在不断抬高价格。一旦签订这项条款，也就是阻止了其他有意愿的收购方在第一时间报价。对方驳回了我方对提议的修改，说是我方修改太多，有的言语含糊不清，原因不明。基于此，我方决定换一种办法，我们没有再提出什么方案，只是告诉另一方，我们同意对方为了保护投资而制定一些他们所需要的任何条款，但是要遵守如下两条规定：第一，也要保留我方寻找给出更高价位的收购方之权利；第二，我方也有自由选取价格更高收购案的权利。如果对方同意以上条件，无论又给我们什么条款，只要合理，我方都接受。如果对方不答应以上两个条件，那我们也拒绝对方的任何提议。

现在，命运的天平明显偏向他们那边，而且我们的要求也清晰明了，所以对方的语气没有之前强硬，方案也有所转变。因为提议来自对方，所以他们不再摆出自我防御的姿态。最终，他们给出了双方都能接受的条款，谈判也有了新的进展。我所用的基本策略是，在谈判双方都分别提出自认为合理的要求，导致谈判迟迟没有进展的时候，阐明你的观点，把决定权交给对方。这个看起来简单的策略有如下几个玄机：

· 用同理心看待对方的要求，引导对方将注意力放在解决问题上，而不要一直坚定自己的主张。

· 明确告知对方什么对你而言重要，什么不重要，起码他们能轻松一点。

· 双方切莫“独断专行”，要坚持走更适合双方的道路。

· 鼓励双方多提出一些解决问题的方案和措施，不拘于现状，不断创新。

若是你的提议不被接纳，而对方的提议也算可以，试着将决定权交给对方——但是要让对方明晰自己会碰到什么情况。

在大多数谈判场合之中，我们都很能意识到站在对方角度思考问题的重要性。但是你想实现自己的目标，同不同的谈判方、谈判场合是息息相关的。打个比方，在和中国公司的那次谈判中，我们也要考虑风投商的想法；在古巴导弹危机的谈判中，安全理事会不仅要站在苏联的立场上看问题，也没有忽视古巴；詹姆斯·麦迪逊构建了一个谈判框架，以退为进，不仅解决了费城的问题，也压下了随之而来的大多数州的争议。在下一章，我们将一起看一下，站在各方立场上思考问题的重要性，真正的谈判者要在谈判中扮演各种角色。

第十六章
勾画谈判空间

收购路易斯安那之谈判

史上名称最长的条约是什么？这件事鲜为人知。其实它是《法兰西共和国与西班牙天主教国王陛下之间关于强化意大利帕尔马婴儿公爵地位和交还路易斯安那州的初步和秘密条约》（*the Preliminary and Secret Treaty between the French Republic and His Catholic Majesty the King of Spain, Concerning the Aggrandizement of His Royal Highness the Infant Duke of Parma in Italy and the Retrocession of Louisiana*[1]）。它是由法国和西班牙在1800年签订的，同时也在历史上扮演着重要的角色。根据条约规定，西班牙要将位于北美的大部分路易斯安那领土还给法国，在那之前的1763年，由于法国在法印战争中败局已定，所以将路易斯安那割让给西班牙。

西班牙和法国谈判期间，据称拿破仑的使臣曾“信誓旦旦地保证”说，法国不会出售或割让路易斯安那给任何人。如果法国不想再占着这块土地，大可还给西班牙。但拿破仑转变主意决定将路易斯安

1. 这个条约人们也称之为《圣伊尔德丰索第三密约》。

那卖给美国，这个消息不仅震惊了西班牙人和美国人，而且使法国境内也一片哗然。1803年，美国只用了大约每英亩四美分的价格就从法国手中买下了路易斯安那。正是这次购地案，美国的国土扩大了两倍，收购来的土地组成了现在的15个州，或者是其中的一部分。

西班牙非常愤怒，他们声称，“法国人将路易斯安那卖给美国，违背了自己的诺言，也根本没有半点尊重的意思”。西班牙为此还要求美国“暂停交易行动，因为建立在这样基础上的条约根本算不得数”[1]。对此，美方解释说，这算不上理由，并且加快了购地的进程，在事情还未完全解决好之前就立刻交易。美国负责法国相关事务的大臣罗伯特·利文斯顿（Robert Livingston）在给詹姆斯·麦迪逊书写的报告中称：“我之前就曾告诉过您，我方有充足的理由认为，西班牙割让土地的协议中并不包括同其他力量分割路易斯安那。我想我可以借此找到一条路，既不影响我们的权益，也可加速实施你在条约中提出的对我方有利的措施。”[2]

法国是否有权出售路易斯安那，史学家们争论不一，各执一词。但是麦迪逊却找到西班牙所持主张中的漏洞：“法国使臣承诺说不会转让土地，但是条约中可没有将土地交还给法国这一项。如果有的话，美国购买土地的事情也不会成型，同时也会信守承诺，不告知西

---

1. 卡洛斯·马丁内斯·德·约卓，《卡洛斯·马丁内斯·德·约卓致詹姆斯·麦迪逊》，1803年9月27日；国家档案：在线查找，《麦迪逊文件》，http://founders.archives.gov/documents/Madison/02-05-02-0470.2015年6月25日访问。

2. 罗伯特·利文斯顿，《罗伯特·利文斯顿致詹姆斯·麦迪逊》，1803年7月11日；国家档案：在线查找，《麦迪逊文件》，http://founders.archives.gov/Documents /Madison/02-05-02-0204. 2015年6月25日访问。

班牙美国的立场。”[1]更重要的是，美方深信西班牙不会动用武力来阻止交易。现在美方所面临的最大问题是，法国作为卖方有后悔的可能性，而且法国现在的种种活动迹象表明，它很有可能在最后一刻还会增加条件，让交易更加复杂化，甚至也可能拖延或取消这次土地交易[2]。不可否认，拿破仑一直想扩大法国的疆土，他曾说：“我认为自己已经表现出对这块土地的重视，自我上次同西班牙采用外交手段割让土地之后，就一直有收复路易斯安那的打算。放弃路易斯安那是我人生中最为遗憾的事，但是固执地将路易斯安那攥在手里可不是上策。”[3]究竟是什么原因，使拿破仑决心分割路易斯安那疆域？

◎不伤财，不劳神

法国将土地卖给美国，但为什么是西班牙来发表声明？简单来说，是因为英国的缘故。当时英法正在交战，如果一切按计划进行，法国不仅能同英国和平解决冲突，还能拥有路易斯安那。但计划没有变化快，现今的海地（Haiti）地区和多米尼加共和国（Dominican Republic）爆发了反抗法国的奴隶叛乱——天气情况也很糟糕，导致法国的船只沉没在欧洲的寒冷海域——而且法国还消耗了大量用来抵

---

1. 詹姆斯·麦迪逊，《詹姆斯·麦迪逊回复罗伯特·利文斯顿》，1803年10月6日；国家档案：在线查找，《麦迪逊文件》，http://founders.archives.gov/documents/Madison/02-05-02-0504. 2015年6月25日访问。
2. 罗伯特·利文斯顿和詹姆斯·门罗，《罗伯特·利文斯顿和詹姆斯·门罗致詹姆斯·麦迪逊》，1803年6月7日；国家档案：在线查找，《麦迪逊文件》，http://founders.archives.gov/documents/Madison/02-05-02-0085.2015年6月25日访问。
3. 弗朗索瓦·巴贝马霸，《路易斯安那的历史》，费城：凯里&李出版社，1830年，298—299,http://www.napoleon.org/en/reading_room/articles/files/louisiana_hicks.asp. 2015年6月25日访问。

抗英国威胁的战略物资。然而，现实对于法国更加残酷。如果法国紧紧攥着路易斯安那不放，那么美国将会与英国联盟，共同抵制法国。美国之所以想要购地，是因为路易斯安那地区囊括了新奥尔良（New Orleans），那是美国重要的战略要地。拿破仑掌握着这块土地会令美国惶恐不安。托马斯·杰弗逊（Thomas Jefferson）总统曾经给罗伯特·利文斯顿写了一封信，信中是这样说的：

西班牙将路易斯安那和佛罗里达（Florida）割让给法国的行为，让美方十分焦灼……在与所有国家的交往中，法国是迄今为止唯一当双方出现权利冲突的时候，不提什么意见和要求，当双方存在共同利益时，想得最多的一方。正是因为这样，我们视其为天生的朋友，而且我们之间应该也不会出现什么分歧。他们的强大，也是我们的强大。但是他们并不这样对待我们。世界中有这样一个地方，拥有这块土地的人是我们天生的敌人。那个地方就是新奥尔良。我们有近八分之三的产品经由这里进入市场。新奥尔良土地肥沃，要是在以前，光是这一个地方就占据了我们年均总生产力的一半，而且国家有二分之一的公民都居住于此。法国徘徊在新奥尔良的门口，就是一种挑衅的态度，而且这种态度也有几年之久了……我们绝不能一直让法国盘踞在新奥尔良……在这种条件下，如果触碰到了双方的敏感神经，法美不可能一直维持友好的伙伴关系。 他们对这个事情视而不见，也希望我们熟视无睹；如果我们也在乎这种假设，没有提前准备，我们该有多肤浅。从法国掌管新奥尔良的那天起……或者说从那一刻起，我

> 们必须亲近英国舰队和民众……我们并不是出于欲望才想将新奥尔良地区占为己有，一旦美英结盟，法国势必要向我们开火。但是若按自然法则去发展，法国占据着新奥尔良，美法差不多也会有敌对的那一天……而（法国）也并不需要（路易斯安那）来维护和平。哪怕是在战争中，法国也根本指望不上使用路易斯安那地区，因为这个地区太容易就被别人中途拦截。我认为，我的这些考量，都是站在法国政府的立场上做出最合理的判断……如果法国认为路易斯安那地区是其领土中必不可少的部分，一定会有所准备，不会轻易妥协，因为那样的话我们两方的利益相同。如果真是这样，法国起码也要割让新奥尔良和佛罗里达州给我们。似乎我们两方最后发生冲突在所难免……我们从来没有放下戒心，如果对方采取了什么手段的话，我们也可以立即采取紧急措施来对抗，美国境内所有眼睛都集中在有关路易斯安那的事情上，自从革命战争以来，整个民族都充斥着一股压迫感。[1]

美方代表开始与法方谈判，但是让他们惊讶的是，拿破仑竟然想要卖掉路易斯安那的全部领土。这个消息背后所代表的含义，是法方不想美方和英国结盟的诉求，因为只要简单地放弃新奥尔良这块土地，就可以轻松解决这个棘手的问题。拿破仑做出这个决定，很大程度上是因为：如果法国在英法战争中失利，那么整个路易斯安那地区

1. 托马斯·杰斐逊，《托马斯·杰斐逊致罗伯特·利文斯顿》，1802年4月18日；国家档案：在线查找，《杰斐逊文件》，http://founders.archives.gov/documents/Jefferson/01-37-02-0220.2015年6月25日访问。

就会被英国据为己有。拿破仑认为——相比之下，将路易斯安那地区给美国可比给英国好多了——这样美国的力量就会变强，吸引住英国的注意力，未来说不定还会发生冲突，若是这样，则再好不过了。拿破仑曾经对他的大臣解释说，“我可不会把这样一个定时炸弹握在手里，路易斯安那地区有可能是与美国发生冲突的源头，或者使两方的关系从此变得僵硬。相反，我可以利用这块土地来争取到美国的好感，这样就能打破英美联盟，我也有时间组建自己的军队，以防哪一天有别人报复我们。我的想法终究是为法国好的，所以我才将路易斯安那卖给美国。”[1]

很快，美国在超出其太多预期和准备的情况下开始与法国谈判。因为谈判来得突然，所以整个过程都靠临场反应，全程也没体现出宪法权威。最终，双方达成协议。詹姆斯·门罗（James Monroe）是这样告诉詹姆斯·麦迪逊的：

> 一开始我们以为，只能拿到一部分土地，从来没想过能买下全部领域。但谈判的结果是，拿破仑要卖掉全部。而目前为止，我们没发现他有改变主意的意思。我想，那时候他们最担心的应该是来自法国的压力……所以无可避免想借助我们的力量来扭转自己的境遇，而对我们来说，要尽快将法方政府所提议及决定最后卖地的规模写成条款，列入合约之中。这次交易为美国所带来的利益有多大不容置疑……当我听到有一些人，一开始因为觉得

---

1. 阿道夫·蒂尔，《领事馆的故事》，1803年3月；http://www.napoleon.org/en/reading_room/articles/files/louisiana_hicks.asp. 2015年6月25日访问。

能买到的土地太少而主张交战，现在又因为人家卖得太多而开始想一些其他办法，甚至慷慨激昂地抗议政府和谈判代表时，我一点也不惊讶。这样喧闹对他们一点好处都没有，反而让他们丢尽了脸。我们得到的土地数量远远超出他们之前的预期和想法，并且价格还如此之低，甚至比他们之前预设买一小部分土地的价钱还要便宜。[1]

这就是历史上赫赫有名的土地交易案，然而谁也不知道买卖双方的交易到底算不算合法。

◎三边思考

谈判之所以能达成共识，归功于你能认真思考各方在谈判中所扮演的角色，带来了什么影响。人们在谈判中，普遍会犯的错就是只考虑双方的关系——也就是说，只在乎自己和谈判桌对面另一方的关系。就比如在路易斯安那购地谈判中，美方只考虑美法的关系会出现什么变化。如果按照这个思路的话，美国早就能想到法国不会割让土地，稍微好一点的情况，也可能只割让新奥尔良给美国。美方能够肯定，如果收购新奥尔良成功的话，那肯定代价不小，因为拿破仑可把这地方看得很值钱。

---

1. 詹姆斯·门罗，《詹姆斯·门罗致詹姆斯·麦迪逊》，1803年5月14日；国家档案：在线查找，《麦迪逊文件》，http://founders.archives.gov/documents/Madison/02-04-02-0717.2015年6月25日访问。

正如我们看到的那样，当任意一方采用三边思考的策略时，谈判方案可就变了：也就是不光要考虑自己和别人的关系，还要考虑另一方同别人的关系。当我们细想美国和法国的关系时，就不会为法国的行为而感到震惊。如果我们能更深层次地考虑美国和英国、美国和法国、英国和法国的关系时，就更知其所以然了。

当然我们还可以进一步地讨论“四边关系”和“五边关系”的价值，但是他们的基本原理是一样的：在谈判桌上，如果你只考虑与你发生直接关系的另一方——只注意这一段关系所带来的可能性——是最愚蠢的做法。如果一位谈判者，不仅能想到第三方是什么角色，还能评估他们对谈判桌上的各方所带来的影响，那么他就能更好地预测对方的行为，制定更有效的策略。

思考问题要考虑三边：评估第三方会在谈判中对利益、各方约束力，还有转变形势上有什么影响或者改变。

◎勾画谈判空间

有的时候，我会帮忙为谈判或者冲突出谋划策，那么在制定战术策略之前，我首先要让我的委托方勾画出谈判空间。谈判空间包含了所有与谈判有关的谈判方。我认为“有关”这个词包含了两种解释：（a）会影响谈判结果的任何一方，（b）任何受谈判结果影响的一方。如果有谈判方会影响到谈判结果的话，那么我就会考虑这一方究竟有没有能力，在什么时候，又以什么样的方式去影响我们。如果我方，或者别的谈判方将他们纳入到谈判过程之中的话，我们会从中获益什么（如果将他们摒弃在外，我们又会失去什么）。如果有谈判方会受到我们谈判结果影响的话，我也会时刻关注他们，因为他们的某种动机可能影响着谈判的进程，也影响到我们的策略和谈判的结果。

就拿路易斯安那购地案来说，谈判空间里不仅有美国、英国、法国、西班牙，也囊括了那些在谈判当中做决定的谈判者。公司和国家不会做任何决议，是人们在做决定。拿破仑和“法国”可是两个概念。谈判空间里也有一些美国的立法者，他们要么促进，要么阻碍谈判的进程，当然，海地的奴隶叛乱和压制者也要放到谈判空间去看，因为判断结果的改变，影响着法国会不会一直要担心在法英战争中失利的问题。如果在漫无边际的空间内能够将谈判范围缩得越小，你就越能精确地理解对方可能出现的行为，不管在谈判空间之中出现了什么与谈判相关的事情，你都能更智慧地完善自己的策略。如果你错误地勾画和分析了谈判空间的话，这对你非常不利，你没有把握住机会。而且，你无法预料自己会面临什么壁垒，也不知道有什么筹码可以为你所用。

学会勾画谈判空间。你的策略一定要全面考虑那些能影响到谈判结果，或者受谈判结果影响的任何一方。

◎ICAP分析法：利益、约束条件、备选方案、不同角度

当你尝试去判断谈判中对方的想法之时，如何才能做到理解得到位和精准？我创造了一个名为ICAP（Interest, Constraints, Alternatives, Perspective）的框架，它能帮助你围绕以下四个要点来展开思考：各方的利益、约束条件、备选方案和不同角度。这里有一些围绕这四个要点展开的问题：

· 利益：对方的价值是什么？他们想要什么？理由是什么？什么对他们来说相对重要？为什么他们会有这种决定？为什么选择现在谈判，而不是过去或者将来？他们担心什么？在这场谈判中他们要达成什么目标？他们的利益会随着时间改变吗？如果会的话怎么改变？

· 约束条件：有什么事情他们能做，而有什么事情他们不能做？在哪些问题上他们能灵活变通？他们紧紧抓住哪些问题不放？是什么约束了他们？这些约束力会随着时间改变吗？在谈判当中我们会不会遇到站在对方那边但不会限制住我们的谈判方？

· 备选方案：如果谈判不欢而散他们会怎么办？他们没有摆在谈判场上的方案究竟是强是弱？他们的额外之选是会随着时间完善还是越来越差？他们是怎样想出来这个备选方案的？

· 不同角度：对方怎么看待这个方案？他们的思维是怎样

的？什么情况下，谈判处境能够与对方各种应对方案适配得上？它们的优先权是大是小？他们的想法更偏向战略性还是战术性？目标是长期的还是短期的？对方到底重不重视这次谈判？

ICAP分析法应该应用于谈判开始之时——并且随着谈判的进程不断地更新——这样才能体现其重要性。如果你知道对方的利益所在，那么你才有能力想出为各方创造价值的方案，打破僵局。洞察各方的约束条件也很重要，如果对方的手死死攥住谈判条件不放，有时即便你做出让步也得不到应有的回报。如果碰到这样的情况，你一定要有个心理准备，判断什么目标是能实现的，而什么不能实现，还有哪种类型的方案可行，这样你才更有可能达到自己的目的。如果你足够重视对方的备选之策，你就更能知道自己在谈判中有什么价值，有哪些筹码可以为你所用。最后，如果你能站在不同的角度思考问题——无论是心理上、文化上或者组织结构上等等——你就能更好地预测出会遇到的障碍。如果你按照这些步骤来做的话，就能使对方有所改观，使双方达成共识，并促成签订一份对方非常愿意服从且行之有效的协议。

ICAP 分析法：在谈判空间中评定各方的四个方面，即利益所在，约束限制、备选方案、还有各种角度反映出的问题。

◎谈判桌之外的行为

《3D立体谈判》一书的作者詹姆斯·塞宾纽斯（James Sebenius）和戴维·拉克斯（David Lax）强调了“谈判桌之外”的战术的重要性。他们用精准且全面的语言，向我们阐述了这样一个事实：有的时候，你借用自身力量，采用直接介入的方式去干预谈判方案的制定，常常受阻。种种案例表明，你需要在自己的谈判空间中考虑到他方所扮演的是什么样的角色，并将其纳入到你的决策之中。美国对购买路易斯安那土地非常感兴趣，但是最有力的筹码，也就是传统以武力解决问题的方式（美国与法国以战争的形式解决问题）基本派不上用场，而谈判空间的灵活多变让万事皆有可能（法方的恐惧因海地的奴隶叛乱和欧洲形势的不太平而越来越深）。

路易斯安那购地案对19世纪的美国来说，是不费吹灰之力就得来的收获：只要等着英国忌惮敌军而后退，就可以坐收渔翁之利。法方可不是唯一跟美国做土地交易的一方。克里米亚战争（Crimean War）的结果是英国、法国，还有土耳其帝国的联军打败了俄国，沙皇亚历山大二世（Tsar Alexander II）担心如果还和英国交战的话，自己极有可能失去对俄国领土阿拉斯加的控制权。像半世纪前拿破仑做的决定一样，沙皇认为，如果把自己的土地卖给美国，还能换来些钱，这可比跟英国交换但什么都拿不到的好。经过多次谈判，双方终于在1867年敲定了最终结果，美国同意购买阿拉斯加。美方国务卿威廉·西沃德（William Seward）以每英亩两美分的价格买下了大片的土地，这可比他的前辈还要厉害。[1]

当我们判断谈判桌之外的行为是什么，而且将如何影响谈判的时候，以下三种评估方法值得我们学习：

静态评估：如果谈判存在第三方的话，它将对谈判各方在利益、约束条件、备选方案和不同角度产生什么样的影响呢？

动态评估：第三方的影响力会随着时间怎样改变？也就是说，对方是会向好的方向转变还是向差的方向转变？约束力会变强还是变弱？利益会变化吗？

战略评估：我们与第三方的合作会给谈判带来怎样的影响？他们会不会给对方施加压力？他们会不会向谈判伸出援手？如果我们同第三方达成合作的话，会不会对我方优势方面有什么影响？

有的时候，我们可以借助第三方的存在，来达到自己的目的（静态）。有的时候，我们能否成功取决于能不能预测到事态的变化（动态）。还有另外一种情况，是需要我们积极地与第三方合作，来增加我们成功的几率，开创对我方有利的局面（战术）。

你一定在静态、动态、战略这三方面中，能分析并找到把握住第三方的方法。

---

1. 虽然价格低廉，但还有很多人认为购买的这个资产是一块距离遥远且作用不大的土地，有些批评者称之为“西沃德的蠢事”，后来在19世纪晚期，在这片土地上发现了黄金，20世纪60年代又发现了石油。

◎好运是留给有准备的人的

我们实在是摸不透，美国这次购地案的成功，究竟是因为他们把问题想得透彻且战略方案定得好，还是仅仅是因为幸运。有一些人称赞美国的购地案是杰弗逊总统对美国最大的贡献，当然也有一些人借着以如此低的价格得来的土地而说一些奉承讨好的话，但是在整个事件中，很少听到过分称赞的言语。杰弗逊总统的政治劲敌亚历山大·汉密尔顿（Alexander Hamilton）认为能有这样一个好结果，其实更多是因为运气好和选择了适当的时机，而不是因为在讨价还价的时候要小聪明。

> 这个购地案发生在杰弗逊总统的任职期内，毫无疑问，这是他任期内最辉煌的成就。但如果一个人至少还有些正气和自知之明的话，我觉得他应该乐意承认，这次收购之所以能成功仅仅是因为偶然的原因，因为他们之前也并没有预想到会出现这样的情况。这可不是美国政府在购地谈判中多么机智、多么灵活变通的结果……圣多明各（Santo Domingo）的紧张氛围一触即发，还有黑人居民造成的顽强阻力，正是因为这些障碍才延缓了美方占据路易斯安那。直到好运降临，没多久英格兰和法国的关系破裂，这才出现了转折，而且还打乱了法方之前的计划，破坏了其野心。[1]

---

1. 亚历山大·汉密尔顿，《路易斯安那购地案》，1803年7月5日；国家档案：在线查找，http://founders.archives.gov/documents/Hamilton/01-26-02-0001-0101.2015年6月25日访问。

汉密尔顿的指向很明显，至少抓住了机会很重要这一点。但是这并不意味着当机会来临的时候，你就一定能抓住。有的时候，你因为实时更新更有效的策略而受到称赞，或者是因为注意到谈判空间中不起眼的一点能带来的影响，而开始看重这一元素。有的时候，对一个谈判者来说最重要的事情就是，理清逻辑思路，勾画政治结构，还有在心理上做好谈判的准备。只有你准备好了，那么当星星连成一线时，时机也就到了，谈判自然能成功。如果你没有为谈判打下基础，没有预料到机遇之窗正在为你打开，那么你就会与这个机会擦肩而过。首先你要对谈判空间有一个全面的认识，然后你要去评估所有能推动谈判进行的筹码。若是这样，即便谈判一开始你根本看不到未来，但是你也有很大的几率会成功。

机会是留给有准备的人的。我们必须在心理上、结构上，还有政治方面做好准备，以防止在谈判或者外交中机会来临时，你却抓不住。

◎优化自己的部署，创造更多的选择价值

有的时候谈判空间很大，前路漫无边际，而且，达成共识的路也充满着艰难险阻。这个时候，谈判者通常觉得，“机会是留给有准备的人的”根本就是“等待幸运之神降临”的委婉说法，基于此，他们

会采用短期的战术方法来谈判，而不是为实现长期目标去创造必要的条件。他们下意识地想到，因为未来充满着很多的不确定性，而且也有许多超出自我控制之外的因素，在这种情况下制定出来的策略通常意义不大。要是这么想可就错了。在你觉得双方达成共识的希望还很遥远，而且你今天做的事也不能保证一定成功的情况下，你应该想想如何优化自己的部署，创造更多的选择价值。

为了提升部署能力，我们应该审视自己当前谈判能力中的不足之处，而且还要采取行动克服这些困难。在这种方式下，我们精心部署的策略，其实正是一个机会。就好比，我们应该支持自己在谈判场外的想法和方案，组建联盟，巩固我方观点的价值，与对方建立信任，等等。

如果我们遇到战略选择权受限的问题（比如，通往成功的道路太少），我们应该重视创造更多的选择价值：我们今天所做出的决定可能代价颇高，但是能保证将来我们拥有很高程度的自由选择权。比如面对恐怖组织的时候，你可能没心思谈判并开展一些进攻性的军事行动，但你还是在私下同恐怖组织秘密沟通，虽然这种方式代价高、风险大，却能为日后选择谈判留一条后路。

尽管看不到达成协议的曙光，我们依旧要重视优化自己的部署，为自己创造更多的选择价值。就拿经过漫漫谈判之路，最终休斯敦火箭队（Houston Rockets）成功签约篮球明星詹姆斯·哈登（James Harden）的事情来说，其实这个交易很简单，只需要简单的一步就好：用自己队的几名运动员，跟另外一方进行交换，得到你想要的球员。[1]但是如果你的队里没有另一方想要的队员的话，你要走好几步才算是迈出了第一步。火箭队在应对此次事件的策略中指出，若是想达成协议，本队需要5年时间，而且包含14个完全无关联的步骤，才能交易成功。但他们的总经理达里尔·莫雷（Daryl Morey），用了一些重要的筹码——本队几名球员还有选秀权——将詹姆斯·哈登从俄克拉何马城雷霆队（Oklahoma City Thunder）换了过来。他们达成协议的时候是2012年，火箭队要换两个球员给雷霆队。[有一个是通过交易的方式，还有一个是通过选秀的方式，虽然这个球员本身是通过交易的方式换到了火箭队。第一轮赛季的选秀权归西南赛区的达拉斯小牛队（Dallas Mavericks）和大西洋赛区的多伦多猛龙队（Toronto Raptors），第二轮赛季的选秀权归东南部赛区的夏洛特黄蜂队（Charlotte Hornets）。]一切尘埃落定，火箭队得到了最年轻也最有潜力的一位球员。

其实参与谈判的莫雷也并不清楚，究竟要走多少路才能达到最终的胜利。签下哈登可能是结局，但是也有一些潜在的机遇，可能会在预先所做决策的基础上冒出来。所以最终胜利只是靠运气吗？还是说他们

---

1. 关于这种交易运作的一点背景知识：由于使用金钱在美国国家篮球协会（NBA）的球队中做交易有许多限制，你不可能简单地写一张大额支票就能从另一个队换来你想要的球员。相反，你需要学着去勾画交易。基本的贸易模式包含两个球队，每一方都会换给另一队想要的球员。如果你的队里没有另一个队想要的球员，第一种方法是，将未来你的队员纳入交易之中——X队现在换来自己想要的球员，如果将来自己队里的某个队员入了对方的眼，就要换给对方（也算是一种选秀权）；第二种方法是，将别队的球员划进交易之中——X队想要Y队中一个球员，但是自己队里的球员并非Y队所求，所以X队从Z队中找到一位Y队看中的球员。X队同Z队做交易，换来了那名球员，然后再去跟Y队交换，最终得到自己想要的队员。另外，你还有一种选择，即将前两种方法合二为一：等待别队将来招揽的球员。举个例子说，X和Z因为Z的选秀权而做交易，但是交易中也有Y队的事情。所以当你增加其他的规则之后，事情变得更加复杂，例如球队薪水的最高限额和高昂的赋税，这就限制了很多球队支付其所有球员的费用，即便如此，在某些年也没有太严厉的惩罚措施。

有非常完美的作战方案？这些都不是。我们来回想一下莫雷的角度，那样我们就能很好地看到他究竟是如何来为自己争取更大的胜算的：

> 每一次交易，我都尽可能去想更多的办法，来提升我们获胜的概率，同时也估算多长时间能取得进展，还会脑补无数种未来可能出现的结果。我们每取得一个进展，脑海中就想着只有得到哈登这样水准的超级球星，我们才会甘心，这事情才算解决。每一步的进程都是共同运作的，不仅提升我们能够在交易中获得的价值，同时也将我们要谈判的事情汇合在一起。最后，我们所有的球员都是能帮助球队在现在或者未来取胜的人。我们的选秀权也有在不同范围内存在的风险或者益处，我们可以通过工资上限有效地保住这支球队。工资上限补偿现在也算在交易条件之中，但是我们也做好了准备，如果……一旦你接受这项交易，却没有任何答复，而工作也不再偏向于你的优点的时候，其实已经像本次交易一样开启成功的大门了。[1]

虽然未来充满着许多不确定性，而且也有很多你控制不了的事情，但是你也要做出一个长期性的方案策略。在一些特别复杂且拖沓的谈判之中，你一定要勇于适时牺牲那些短期的目标，哪怕你觉得接下来的方案可能达不到预期，甚至适得其反，你也要坚定地走下去。睁大你的双眼，看清楚今天所做的牺牲，是怎样为未来的机会开创条件的。

---

1. 作者与达里尔·莫雷在2015年私下沟通过。

如果今天看似没有希望达成协议，那么我们要罗列出能优化自己的部署、创造更多的选择价值的步骤，为明天的机遇做准备。

◎别急着用所谓必胜的方案

我们之前曾说过，有的人在面对很复杂且不稳定的局势之时，总会认为什么策略都是毫无意义的。那么还有一些人，他们会犯这样一个错误：他们会急着采用一些方案，但是他们那些方案应用的时机还不够成熟，内容也不够完善。之所以犯这样的错误，有以下几种情况。有时候客观上不需要牺牲战略灵活性，却死板僵硬；有时候感觉还有很多选择的余地；有时候谈判桌上的方案层出不穷（比如，谈判中出现多种多样的策略，还要在不同的方案之间进行选择），有的时候人们一直在谈判，但是不知道谁会成为最后的赢家。这个时候，人们已经疲于思考，会想赶快停止谈判。到最后，谈判有可能会转入一个危险的境地：如果在众多选择中，有一种方案有冒头的趋势，人们就无法再理性探讨每一个方案的利弊，而会将注意力集中在这个现阶段最优的方案之上，并选择性地指出这个方案的不好之处。这有点像心理学上说的证实性偏见。因为人们更愿意将热情和精力投在一个方案上，并将之付诸实践，他们不想再公正且全面地去评估每一个方案了。

只有再加上另一种组织结构因素，才能组成所谓的证实性偏见。因为有各式各样的策略，也有多种类型的交易方式，这就需要你利用各式各样的资源，广纳人才到你的阵营，而且还要消耗许多的社会和政治资产。若是你一条路走到黑，再想转变可就难了。有的时候，会突然冒出许多组织结构上的各种势头，行动中某一个阶段也需要许多战略性的投资；如果你想改变，无论是在心理上、结构上，还是政治上，都非常困难。

古巴导弹危机的时候，肯尼迪总统坚定不移地认为，任何方案，若确定并非毫无作用，万不可随意丢弃。之后大家也清楚地看到，温和政策（海上隔离、联合外援、谈判）确实比进攻政策（军事进攻）要智慧得多。总统先生要求，要不断地去完善任何一个方案，将其当作我们所选的策略。事实上，直到肯尼迪总统到国家电视台对公众宣布他准备对古巴实行何种政策的最后一刻，他是有两份演讲稿的，而且每一个都准备得很充分，以防最新的信息和分析出来之后发现之前的策略是错误的。在几年前向公众提供的那些公开文件中，我们能发现，有时候在策略上做一些转变十分必要，下面这段话是总统当年的开场白：

> 我亲爱的美国同胞们，我现在心情很沉重，但是为了充分履行我所处之位的誓言，我宣布我已经安排完毕——派出了我们美国的空军——当然，我们的军事行动只会采用传统战争武器，而我们的任务是，将古巴境内的核武器移走。[1]

哪怕是在最后一刻，总统也在心理上、组织上和政治上做好了充

1. 约书亚·基廷，《最伟大的世界末日演讲》，《外交政策杂志》，2013年8月1日。

分的准备，以备更好的方案提出之后可以随时更换上来。

千万不要在非必要之时选择一个看似能赢的方案，我们的思维一定要更开阔，要时刻在心理上、组织上和政治上做好改变的准备。

在这一章，我们探讨了复杂且近乎无法掌控的谈判环境，正如我们看到的那样，哪怕是面对着许多不确定性，也可以做出最有效的选择；你可以抬高自己的位置，创造更多价值之选，在谈判桌上备着所有的方案，直到有你觉得是最优或是不得不接受的方案，才可以带离谈判场。在这一章，我们也发掘到，如果你能勾画出谈判空间，三边思考，而且能掌握谈判桌之下的行动或方案的话，那么你会更愿意主动冲破僵局，解决双方之间的冲突。

话是这么说，但是有时候最难解决的问题并不是很复杂的那种，有时候觉得谈判困难，反倒是因为太过简单：你勾画出谈判空间，并理解得很好，但是有的人一直在浪费时间，也没提供你所需的筹码；这个时候，你的方案由于时间紧迫而毫无头绪，如果有也只会让事情变得更糟，反观你的对手，手握一副好牌，而且没把你当作善类。你的选择太少，而且也不合你心意，说不定糟糕至极，这个时候，你接下来还能怎么见招拆招？同理心将如何帮助你？我们一起来发掘吧！

第十七章
是合作伙伴，而非敌对方

陷入困境

我有一名学生，他名叫萨姆（Sam），是一位非常成功的企业家。不久前，他发现自己时运不佳，陷入了一个大麻烦。[1]其实事情一开始进展得很顺利。一年前，一位零售商给萨姆打来电话，问他是否想赚取“外快”。这位零售商是美国最大的零售商之一。据说这笔买卖相当靠谱，没有什么陷阱。这位零售商决定改换他的供应商，让一家海外亚洲公司来负责供应一款设计独特的服装。由于这位零售商之前从未和亚洲公司合作过，因此他向我的学生，也就是萨姆，寻求帮助。那时，萨姆和这位零售商已经建立起了良好的商业关系，尽管他不太清楚那家海外亚洲公司的情况，但已经对该公司所在地区的制造业格局了如指掌。而这位零售商希望萨姆的公司能够扮演一个中间人的角色。除了在购销产品上做一些协调工作以外，萨姆的公司几乎无须做任何其他工作，就能从每一笔交易中获取一定比例的报酬。如果一切进展顺利，萨姆的公司每年能赚取一百多万美元的利润，这对萨姆来

---

1. 有些事例为了不暴露个人和公司的信息，在一些例子的细节上有所改变，或者故事跳脱出现实之外，但是故事的本质和能学到的经验教训没有变化。

说可是笔可观的收入。

然而好景不长，萨姆当中间人才几个月的时间，就收到了一家美国制造商寄来的信件。信件中指出，亚洲公司在制作这款衣服的过程中，已经侵犯了该制造商的专利。鉴于当事人关系的性质，该制造商对零售商、亚洲公司以及萨姆提起了诉讼。这家美国制造商表示可以在庭外和解，但索要一笔巨额的和解金。从法律上讲，美国零售商处在一个非常安全的位置，他也就没有什么动力去和对方谈判；出于实际原因，亚洲公司又很难承担起打官司所需的费用。在这种情况下，只有我的学生——萨姆——被置于所有问题的焦点，并且美国制造商将所有责任都推到他的身上。之所以会这样，是因为这不仅涉及专利侵权的问题，还在于亚洲公司介入其中，削减了原有的价格，致使美国制造商作为原有的供应商对此非常不满。

萨姆既不想支付几百万的和解金，也不想去打官司。于是，在这场纠纷中，他决定向两位商业同盟求助，希望其中一位或两位能够筹些钱来解决这个难题。然而，美国零售商虽对萨姆陷入此种困境感到非常同情且也觉得十分歉疚，但表示只会为他出庭做证，无法在金钱上提供任何帮助。此外，亚洲公司声称此行为并不构成专利侵权，他们也就没有理由去向萨姆提供资金上的援助，况且该公司并不在美国法律的管辖范围内，就更不会在乎萨姆的处境是怎样了。萨姆现在孤立无援，他曾试图通过律师与美国制造商沟通，表示尽管自己在这场纠纷中是清白的，但愿意支付几十万美元以求和平解决这一纠纷，避免双方对簿公堂。但这一尝试却以失败告终，他们还是在法庭上见面了。

双方的官司持续了7个月之久，萨姆已经支付了40万美元的诉讼费，而法院却判决美国制造商胜诉。萨姆被要求赔偿200万美元给美国制造商，这个数额是萨姆在打官司前所赚利润的4倍，自从他卷入这场官司起，他就没精力再去进行正常的交易了。萨姆目前的选择十分有限，他要么支付赔偿金，要么不服判决结果继续上诉，要么再去尝试庭外和解。支付赔偿金的话，数额太大，萨姆承担不起；考虑到美国制造商已经胜诉的情况，寻求庭外和解更是难上加难。他的律师团认为，目前最明智的方法是不服从判决结果继续上诉，但这一举措能够扭转乾坤的希望也非常渺茫。萨姆该选择哪条路？试想，你已经在法庭上败诉了一次，对方目前已占尽优势，而你却面临着数百万美元的巨大损失，并且你的同盟没有一位向你伸出援手，而纠纷的另一方却对你现在的悲惨处境无动于衷，你现在该怎么办呢？

◎不伤财，不劳神

一天，萨姆正闲坐着跟别人谈起他的不幸遭遇时，脑海中突然出现一个念头：如果将我的遭遇告诉谈判老师，他会给出什么建议呢？其实，得出这个问题的答案并不费力，只要我们按照价值最大化结果的思路来看待这个问题就好了。也就是说，在这种情况下，我们在充分考虑各方的利益、约束条件和备选方案的基础上，哪一种方式或结果能够使整体利益最大化？然而，目前殚精竭虑地去想如何使整体利益最大化还为时尚早，我们首先应该思考最理想的谈判状况应该是怎样的。因此，萨姆开始制作一个谈判空间的表格并对这个表格进行了深入的思考。

最开始，美国零售商与其他三方的关系是这样的：

	与零售商的关系	销售的产品	是否是零售商最好的合作伙伴
美国制造商	好	昂贵	是
亚洲公司	无关	便宜	否
我的学生萨姆	好	无关	否

自从亚洲公司在我的学生萨姆的帮助下，削减了美国制造商提供的原有价格以后，情况就发生了改变：

	与零售商的关系	销售的产品	是否是零售商最好的合作伙伴
美国制造商	好	昂贵	否
亚洲公司	无关	便宜	否
我的学生萨姆	好	无关	否
亚洲公司 + 我的学生萨姆	好	便宜	是

亚洲公司专利侵权的事情一经发生，加上美国制造商将另外三方告上了法庭，此时的情况又出现了新的变化。美国制造商同零售商的关系已然陷入低谷，而亚洲公司的产品也再无办法在美国销售。

	与零售商的关系	销售的产品	是否是零售商最好的合作伙伴
美国制造商	差	昂贵	否
亚洲公司	差	无关	否
我的学生萨姆	要好	无关	否
亚洲公司 + 我的学生萨姆	不明	无关	否

经过之前的准备工作之后，我们现在开始用价值最大化结果的思路来分析现在的情况。美国制造商有实力从萨姆身上榨取钱财，但另一方面，他却损失了更大一笔钱：没有人能向零售商销售任何产品。法院可以判给美国制造商几百万美元的赔偿金，但更多价值数百万美元的买卖却因此化为泡影，因为没人能进行必要的资源组合，即与零售商的友好关系加上可以销售的产品。然而，有一个联合体可以将这两个资源摆在台面上，那就是美国制造商和萨姆组成联盟。这种联盟是否有效呢？

萨姆打电话给美国制造商公司的执行总裁，说他正乘飞机去往该公司准备与这位执行总裁会面。“我有一个主意要跟你分享。如果我不能在20分钟内说服你，我就立马买机票打道回府。”听完萨姆的话，这位执行总裁同意和他见面。在去会面的路上，萨姆又给零售商的联络人打电话，告知他们他准备在这次会面中想要提出的大纲和计划。听完，这些联络人非常支持萨姆的想法，并鼓励他进行这样的尝试。

在执行总裁的办公室里，萨姆阐述了他对整件事情的分析和自己的想法。首先，美国零售商是绝不会直接从起诉过他们的制造商那里购买产品的，但美国制造商的专利产品质量上乘，且再无其他的制造商能提供这样的产品。而萨姆却和美国零售商维持着良好的关系，况且美国零售商对于将萨姆卷入这一麻烦感到有所亏欠。因此，凭借这一优势，萨姆表示可以成为美国制造商和零售商的中间人，从而缓和他们之间的尴尬局面。美国制造商需要在与零售商的协商中做出一些让步，以掩盖他们之前的过节儿，但他们恢复原有的交易关系的可能性还是存在的。虽然途中就一些数额的问题进行了讨价还价，但结果他们还是在以下几方面达成了一致：（a）萨姆需要事先向制造商支付几十万美元，这些金额的一部分是用来补偿制造商的诉讼支出的；（b）萨姆将成为制造商和零售商的专有中间人，而这意味着在接下来的几年里，萨姆的公司将会接到数百万美元的买卖；（c）萨姆还将成为美国制造商在海外市场的专有经销商，这对他来说又是一个十分珍贵的收获。

三方都签订了协议，萨姆时运逆转，终于走出了困境。

◎是合作方，而非敌对方

当你遭到他人的起诉，你会如何看待这个人？大多数人会把这个人看成自己的敌人，或至少是一个对手。这种看法是可以理解的，却隐含着危险，因为我们如何看待谈判桌上的另一方，将会直接影响我们的思考方式和行为方式。当我们视对方为敌人时，我们往往会变得斤斤计较、消极处事，也不愿意和对方开展建设性的工作。这种倾向，无论是对我们，还是对他们，都是得不偿失的。

我曾在武道场上训练过，在那边，你很少会在课上听到学生们提出这样的问题：要是你的敌对方比你强大该怎么办？要是你的敌对方这样子抓住你该怎么办？要是你的敌对方……

如果有人说出这样的话，经常会被武术老师教导一番。每当他的学生用“敌对方”来称呼课堂上与其练习的同学时，武术老师都会予以纠正。“他们是伙伴，不是敌对方。要记住，和你对打的同学可以帮助你更好地学习武术。如果你将他们视为敌对方，你又怎么能从他们身上学到东西呢？”

这个道理同样适用于谈判僵局和激烈的争执中。从我的学生萨姆的经历中，我们可以看到，单方面去看待别人，有时会很危险，尤其是你给这些人贴上敌对方或敌人的标签。如果你单单通过他人先前的行为，来将这些人分门别类的话，游戏规则一旦改变，你可能就会错过随之而来的机会。在萨姆的案例当中，美国制造商最开始被萨姆界定为一个陌生人，之后又变成一个对手，而最后却成为他的一个同盟。而亚洲公司最开始被界定为萨姆的战略伙伴，却不到几个月成了法律责任的承担方。化解萨姆所遇难题的最大障碍，便是最开始，萨姆没有认识到局面会不断变化，也没有认识到人们能够摆脱那些固有的标签。

给人贴上标签确实能为描述一个人提供便利（“她是我的竞争对手”），但这种行为不可避免地有其片面性和局限性。请时刻记住，你所接触的人不是所谓的竞争对手或同盟者，也不是你的敌人或朋友等，他们单单是个人，和你一样，有自己的利益、约束条件、备选方案和不同角度（ICAP）。作为一名谈判者，你的任务就是了解这些因素，并在此基础上审时度势，随机应变。我在谈判过程中发现，将所有人贴上合作方的标签始终会起到一个积极的作用（无论他们表现得像你的“朋友”或“仇敌”），因为这样会时刻让我拥有一颗同理心，就算是在最困难的人际关系中，也不会错过任何合作的机会，并及时抛弃那些固有的观念，变不可能为可能。

无论在什么类型的冲突中，也无论冲突的程度有多激烈，请将对方看作你的合作方，而不是你的敌对方。因为与一个“敌对方”进行换位思考或合作都将是一件十分困难的事情。

◎寻找创造价值的途径

在生意场上，谈判者时常会谈到“创造价值”。这是在提醒谈判者们，可能有改善所有人交易状况的方法，或至少能够改善某些人通过伤害他人来获取利益的交易状况。交易高手应该努力提升共识，创造更多的价值。毕竟，你也不想就如何划分100美元或200美元的问题而争执不休吧？实际上，当达成协议有更多的利益可图，或当因没达成协议会造成更多损失时，人们会更容易找到解决的方法，更不用说这样做收益巨大。

这个准则适用于所有的谈判场合，也就是说，它适用于所有需要人类互动的领域中。谈判者无论是就协议条款讨价还价，还是面临谈判僵局，又或者正处于激烈的争执，都需要去创造价值。在相对简单的局面里，我们很容易看出创造价值的必要性是什么。例如，在美国国家橄榄球联盟或美国全国曲棍球联盟中，你成功阻止了一次罢工或停摆，创造了相应的价值，因为只有继续进行比赛，你才能让资金源源不断地（从观众、广告商那里）流入整个运作系统中，这样你才能从中分一杯羹。为了达到这个目的，你需要解决一些难题，比如你需要就收益分成的问题做出让步，但起码现在你很清楚应该向哪个方向做出努力。

当局面变得复杂时，想要创造价值并不是件易事。也许那时会有许多谈判方参加谈判，会有各种各样的利益，会有许多错觉让你认为你选的这个策略就是正确的，或者你会不清楚谈判的目标究竟是什么，又或者人们在决定一个谈判目标上很难达成共识。比如说，萨姆也不清楚他现在应该努力去完成的事情究竟是什么。是将和解的代价降至最低？是找到能够打赢官司的方法？还是试图与美国制造商建立友好的关系？或者将这些问题交给律师处理？又或是找到向亚洲公司施压的方法？

在这种情况下，有一个便捷的方法来帮助你找准目标并从众多备选方案中选择最佳方案，这个方法就是你要问自己：哪种是价值最大化的解决方法？通过关注价值最大化的谈判原则，我的学生能很快转变自己的观念，他能意识到让所有人都能得偿所愿并不是天方夜谭，而且他也意识到一开始就假设这场争执是处于零和局面是不明智的。从创造价值的角度去思考问题，还能让我们看到更多之前没有察觉到的备选方案。举例而言，从直观上讲，你并不会与一个曾经起诉过你的人建立业务合作关系，除非你能在任何情况下都不带主观感情地进行价值创造。这里，我们又能看到在谈判过程中将各方视为合作方，而非敌对方的价值所在。当你把他们当作合作方，你更有可能找到创造价值的方法，并运用这种方法解决面临的问题。

谈判前先问自己：什么是价值最大化的结果，是否存在创造价值的途径？

◎首先，去想象极限状态

人们之所以没法成功创造谈判中应有的价值，其中的一个原因就在于，谈判局面似乎已达到极限的状态。因此，他们想当然地认为已经不会再有任何好的解决方法了，也就放弃考虑其他存在的可能性了。然而，这类想法有时是会改变的。在我的学生中，有些是做执行方案的，其中一名学生在他们的家族企业中担任总裁一职。在这个家族企业里，公司90%的事务都掌握在他的父亲手中，尽管表面上他的父亲已经退休，但还是对公司的事务施加极大的影响。我的学生和他的父亲这些年在大小事情上没少发生过争执，最终他决定和父亲进行一次交涉，鉴于当前糟糕的甚至还在不断恶化的形势，谈谈他们以及公司该如何向前迈进。而我的学生的决定却不断被他父亲无视，甚至在一些问题上，他的父亲大肆介入，而我的学生却对此知之甚少。此外，我的学生一直无法摆脱他父亲的影响，以至于在员工和顾客的眼中，他只是个“傀儡”总裁，他和他父亲之间的交涉显得相当严峻。我的学生与他父亲的矛盾已发展到这样一种地步：要么他离开家族企业，要么他的父亲不再介入公司事务。而不管怎样，我的学生认为他和他父亲之间的交涉会充满愤怒、仇恨，甚至还有冲突升级的潜在可能。所以，我的学生有些害怕和他父亲进行这样的交涉。他不清楚该如何开始这场交涉，提出哪些问题，甚至自己倾向于什么样的交涉结果。

当我听完他的故事以及他对即将到来的灾难的预测，我首先问了一个问题：你觉得交涉后两人分道扬镳，与在交涉前双方进行一次促膝长谈，哪个对两人来说更快乐一些呢？他陷入了沉默。之后他告诉我，他从来没有想过这种可能性。我对他说：“想象一个世界，在那里你和你父亲都很乐意去和对方沟通。然后你现在可以将那幅图景告诉我。那样的世界会是什么样的呢？”自此以后，他和他父亲的沟通就产生了变化。他开始谈到，当他想到他父亲经过几十年的打拼才得来今天的事业，而如今面临着退休，他父亲将会是什么感受。他也很后悔在工作之余他们很少在一起相处，因为两个人谁都不想再与对方争吵。他也在考虑他父亲是否也想进行一次沟通。他始终还不知道化解他们矛盾的正确方法，但他对自己很有信心，因为这次他能敞开心扉，也能进行一次创造价值的沟通。我并不知道这个故事的结局，但当他暂且搁置手中的执行项目并回到他的家族企业中时，他告诉我他很期待能见到父亲，也很期待能和他父亲交谈。

当你面对另一方不肯妥协的局面时，同样的方法可以帮助你化解这种局面。举例而言，在生意场上，当对方说他们没法做到某些事情，或他们无法接受我们的要求时，我会对他们说出之前对学生们说过的话：“请想象一个世界，在这个世界里你肯说出‘可以’，然后跟我说说那个世界的情景。那样的世界将会是怎样的呢？”这有助于将双方的对话从我们不能做到什么转变成为什么我们不能做到。有些时候，尤其是当双方似乎难以达成一致时，人们向对方说出“不”字是没有经过深思熟虑的，他们没有想清楚在什么情况下他们可以接受，为什么当前不能接受。当然，有时这样的协商方法始终无法扭转乾坤，最终还会以失败告终。但其他时候，我们往往可以用无法预料的方法来解决他们的困境。至少，如果我们相信未来交易可以达成，我们现在已经清楚什么事情是需要去改变的。

让人们去想象一个世界，在那里那些似乎不可能的事情都成真了，然后让他们告诉你那个世界将会是怎样的情景。

通过将对方视为合作方而非敌对方，通过注重运用创造价值的原则，通过引导对方去打破原来看似不可能的各种假设，你突破谈判僵局、缓和激烈冲突的可能性就会大大提高。当然，你可能还是需要克服各种障碍，需要管理谈判流程，并且需要帮助对方说服另一方去接受这笔交易，等等，但你却更清楚你的谈判目标是什么，并且接下来你需要走哪一步。

在结束这一章之前，我想说说那些许多人认为最糟糕的谈判局面。这些局面往往表现在谈判各方长久不信任彼此，怀有强烈的敌意，并且一直以来对各种事情都很不满。我们将会去探讨为什么各种各样的看法会始终存在——有时这种看法会延续好几代人。并且，也会去思考我们该如何改变我们的方式和观念，去处理那些似乎非常棘手的冲突。

第十八章 对比地图

制图学与语言学中的启示

有人认为，人类标注天体位置的地图要比记录地球的地形图早很多，是最古老的地图。然而，我们使用地球的地形图却已长达数千年。这些记录地形的地图有许多优点，但最根本的一个优点，大概是它能帮助我们行走在不熟悉的地域中，而不会迷失方向。像这样，这些地图充当知识传送的通道，帮助那些没有经验的人站在前人的肩膀上继续前行。如今，在现实生活中，这样的表达随处可见：无论是在我们的车里，还是在我们的电话中，又或者是在我们的脑海中。但有时，这种表达会让我们陷入麻烦。

我出生于美国，但在5岁时，全家就搬到印度生活了几年。结果，我在印度度过了我早期的学校生活，而在九岁时我又回到了美国。当在美国重新上学时，我遇到了一系列问题，这些问题是所有进入或重新进入一个不同国家接受教育的人都能遇到的，无论是社会上的问题，还是学业上的问题，又或者是文化上的问题。可之后，我又遇到了一些貌似不在这些范围内的问题。有很长一段时间，我都苦苦思考那些对我来说似乎毫无意义的事情。简单地说，为什么在美国，没人知道印度在地图上是什么样子的？在这个我几乎度过了5年时光的国家里，它的地图被悬挂在墙上、出现在教科书上、印在教室的地球仪上，似乎这个世界正如我之前所看到的那样熟悉。

◎理解极限之状态

请先设想一下，如果你来自美国，你首次去欧洲或亚洲旅行，却发现那里的每个美国地图都没有画出佛罗里达州，或可能是得克萨斯州，又或者是缅因州，但那里的人几乎不会因此而感到困惑或困扰。而在我的情况中，美国的印度地图里，印度北部的非常重要的部分却似乎没有被画出来。这在我看来是十分奇怪的。

最后，我终于明白产生这种认知的原因了。世界上几乎其他所有国家都认为，印度所称的“查谟–克什米尔邦”包括很大一片区域，这片区域（克什米尔）是一个争议地区。而问题就产生于此。当然，每个印度人都知道克什米尔地区存在争议，关键是除印度以外的其他国家认为克什米尔就是争议本身。之后，我意识到另一个卷入克什米尔争端的国家——巴基斯坦，这个国家的人们平日所看的地图也许又是另一个版本，和我在印度所看到的大相径庭。[1]

十多年前，当我还是孩子的时候，遇到的这个问题并非特例，即使近年来，世界变得更加扁平化，各国的联系也在不断增强，可到目前为止，谁也没有做出什么行动来改善这一问题。2010年，《华盛顿月刊》刊发了一篇题名为《不可知论的制图学》的文章，文章中简单

1. 克什米尔的群众对这件事自身也有不同的看法。

介绍了作为世界最受欢迎的地图应用之一，也就是谷歌地图，是如何决定世界的面貌应该是怎样的。其中，有一则故事讲到，由于技术上的问题，谷歌地图将中印的争议地区（藏南地区）划分给了中国，随着对这一事件的深入了解，作者揭露出一个十分有趣的事实：

> 谷歌为中国用户单独订制了一个地图网站，网址是ditu.google.cn。这个网站即使在强大的中国防火墙下也能正常运行。这不单单只是中国做出的一次让步，实际上，谷歌的地图工具在一些特定区域保留了32种不同的版本，这些版本适用于世界上的不同国家，并且每一种版本都经受住了对应国当地的法律。[1]

当谷歌于2005年首次启动地图应用程序时，它向世界宣称："我们认为地图可以变得既实用，又好玩。"然而有时，结果往往是它既不实用，也不好玩。当然，这一问题已不再局限于地图本身。人们从制图学中了解的真相与人们从历史中了解到的"真相"是一致的；人们总是无意识地或无明确意图地用一种自私自利、身份保护、文化复制的"有色眼镜"去审视那些实际上心怀善意的人和机构。

冲突的各方人员，从他们记事起，并在他们的成长过程中，只要他们任何人曾翻开过一本书、打开过电视、听过演讲或拿起一份报纸，他们各自再现现实的方式都是完全不同甚至是互相对立的。

就拿语言的案例来说，古巴导弹危机由于经常在政策制定者、领

---

1. 约翰·吉维斯，《不可知的制图师：谷歌地图程序如何使公司卷入世界上一些敏感地缘政治争端的纠纷中？》，《华盛顿月刊》，2010年7—8月。

导人和谈判者的课堂上被提及而被这些人铭记于心。重要的不仅仅在于为什么我们会记住这个危机，更在于我们是如何记住这个危机的。所以，我们有必要提出下述问题：为什么我们将这场危机称为“古巴导弹危机”？为什么不用其他名称来称呼这场危机？如果将这场危机改成“加勒比危机”会怎么样呢？或者，打比方说，将其称为“十月危机”又会怎样呢？

其中一个显而易见的原因是：“古巴导弹危机”比另外两个名称更为生动——至少，这场争端与古巴的导弹有关。但是，也许这个故事还有其他因素存在呢？我在上文提到的那两个名称既不是我随机选的替代名称，也不是我自己随便创造的名称。你觉得这些名称来自哪里？

实际上，若我们稍微回顾一下，就会发现这两个名称均是其他国家用来称呼同一个危机的。在俄罗斯，同样的危机被称为“加勒比危机”并为人们所铭记；而在古巴，则变成了“10月危机”。这些不同的名称反映出这两个国家对同一危机的不同叙述手法。从苏联的角度来看，问题的实质不在于古巴导弹本身，而在于古巴导弹只是冷战冲突大背景下的一个因素，其实还有其他同等重要的因素，比如美国在土耳其布置的导弹、越南的冲突升级、柏林的紧张局势等。实际上，在那一时期，苏联和美国在世界的许多地方都存在多重危机，而古巴导弹危机仅仅是发生在加勒比海的一场危机。与此同时，从古巴的角度来看，古巴与美国几乎每个月都会爆发一次危机；而这场危机是“10月危机”，它区别于其他发生在1月或2月，甚至是一年中其他月份的危机。

如果谈判者不去试图理解谈判桌的另一方对于冲突的看法，谈判者就很难有效地处理这场冲突。实际上，肯尼迪总统要想最终和赫鲁晓夫总理达成一致，他站在苏联的角度去看待这场危机是十分必要的，他需要明白苏联之所以在古巴布置导弹，与美国在土耳其布置导弹给苏联带来的威胁是分不开的。不仅仅是在冲突的时刻，在谈判的过程中，我们都有必要去理解双方互相对立的想法。人们用不同的方式去铭记、记录和诉说过去发生的冲突，而对这些不同方式的理解，同样能帮助我们在冲突发生时能先发制人。当先发制人的战略实属不可能时，对对方想法的理解至少能够使发生龃龉的谈判双方在接下来的谈判中多一些谦虚谨慎和互相尊重。

◎冲突的社会因素

当人们穷其一生来追求真理时，他们开始相信那些和他们意见不一致的人是无能的、无知的或者是不怀好意的。然而还有其他的可能性，也许对方只是被洗脑了，而我们也是如此。人类的身份认知和利益界定都是社会建构出来的。这能解释不仅在国家之间会存在深刻的冲突，就连执政党与在野党、不同的宗教信仰、反对人工流产合法化和支持人工流产合法化的双方、工会和管理层，甚至存在竞争关系的公司实体之间都会出现敌对与分裂。在所有这些情境中，每一方都会认为自己的立场是崇高的、道德的，而用怀疑和嘲笑的眼光去看待对方的立场。这种差异会一直存在，而且还会不断扩大，因为谈判的每一方都会站在自己的立场上，用符合自身利益的是非标准来评判一些事件。

人与人之间的矛盾冲突是既自然又正常的现象，然而不同民族间的冲突矛盾特征的界定往往蕴含着深厚的社会基础，并且这种冲突矛盾通常会持续数代。也许让任何一方排除或忽视来自家教的潜移默化的影响，至少在短时间内，是不可能的。同样，我们也无法向人们保证说自己可以不被这些影响所干扰。那些助长我们对其他人的恐惧和嘲笑的力量，同样能够激发起创造价值的活动。而文化自豪感和更广泛的社会认同所产生的舒适感，都在不同程度上影响着价值创造的活动。目前我们可能做到的，也是化解冲突的关键之处，在于我们要能承认对方和我们一样有自己的是非标准，去判断自己所在的立场，并且其背后的原因也和我们大同小异。承认这一点并非易事，但如果无法做到这点，就只会使双方的敌意不断升级，而距离合作共赢的目标却越来越远。

如果双方都不试着去理解对方将各自的立场和行为变得合理化背后的深层原因，旷日持久的冲突将无法得到有效化解。

◎提出神圣的要求

设想一下，以色列人和巴勒斯坦人通过谈判达成协议时可能会遇到的障碍。为了能共同想出眼前众多问题的解决方法，双方领导人需要鼓起勇气和发挥创造力；同时，为了能有效推动和平进程，双方都要努力去接受对方对同一事件的不同说法，并且这些说法都是双方心中最珍视的部分。在以色列，被称为“独立日（Yom Ha’atzmaut）”的日子，在巴勒斯坦却被称为“浩劫日（Naqba）”。因为双方从不同角度去解读历史事件，导致他们的说法会有所不同。此外，双方在许多问题上都持有相异的信念和想法：哪一国的人民在这一历史事件中遭受了更多痛苦，这片土地实际上应属于哪个国家，哪些权利是神明赐予的，还有哪些问题是应该谈判协商的。

在这一背景下，以色列总理要求巴勒斯坦承认以色列是“一个犹太国家”，并且这是和平谈判的唯一前提。[1]要想让一个人就他所认为最神圣的信仰或权利做出让步就已经很难了，况且还是在谈判还没开始时，就要求对方做出这种让步无疑是有百害而无一利。就算是日常生活中最寻常的谈判，举例来说，在商业纠纷或夫妻争吵中，即使双方都认为对方是过错方，要求对方首先做出代价高昂并且无法挽回的让步是最无效的做法（比如，承认错误）。就算你计划在对方做出让步后，自己也做出代价高昂的让步，或者觉得只要对方做出了足够的让步，争执就能得到化解，其结果都会是徒劳无功的。

实际上，最好的结果是双方能顺利化解争执，而不用做出代价高昂的让步，但是想要得到这种结果却并非易事。即使在必要的情况下，向对方提出这种让步的要求也不应操之过急。在武装冲突、商业纠纷和与家人发生的小争吵中，也许会有这样的时候，当一劳永逸地解决纠纷的可能性变得不再渺茫，或者由于互相伤害的僵局持续了太

1. 巴勒斯坦解放组织在1993年承认了以色列的主权。要求公认其“作为一个犹太国家”是大概在2007年左右首次出现在外交协议的。

长时间，谈判方将会对之前认为“无法予以考虑”的事情进行妥协，或者在之前被认为没有任何商量余地的地方做出让步。但这通常都不是个好主意，而且如果你刚开始谈判时就要求对方做出这样的让步，还有可能会导致谈判破裂。

去理解对方的底线在哪里，哪些是他认为神圣不可侵犯的，并避免将其作为参与谈判的前提条件。他们或许愿意在一些曾经觉得没有任何商量余地的事情上与对方进行协商，但这也只有在他们看来有一个解决冲突的可行方法或能够实现重要目标时才会做出这种让步。

◎历史往往是先入为主的

纵观世界上众多旷日持久的争端，几乎每个民族和宗教派别都会要求对方承认他们的信仰合法公正。但他们往往会得出这样的结论：对方对合法性和公正性没有丝毫兴趣，因为他们提出的这些要求都被一一拒绝了。但我们不能只是因为对方没有答应我们的要求，尤其是在我们还没有谈到对方的核心需求该如何被满足时，就质疑他们的品格或意图。问题的关键在于我们对什么是罪大恶极或最崇高的道德使命，又或者是首先需要解决的问题的认知，在很大程度上取决于我们在图书馆阅读的是哪本历史书。

在《大仇，小室：北爱尔兰和平》（*Great Hatred, Little Room: Making Peace In Northern Ireland*）一书中，作者乔纳森·鲍威尔

（Jonathan Powell）详细叙述了一个事件，这个事件是关于构成北爱尔兰争端的一些言语矛盾是如何变成当时的热门话题的。在1997年的12月，新芬党（激进的爱尔兰共和军的政治组织）的领袖马丁·麦吉尼斯（Martin McGuinness）正在走访唐宁街10号，在这条街上坐落着英国首相的官邸。在要进入内阁会议室时，麦吉尼斯向英国首相托尼·布莱尔说道："这里是所有破坏开始的地方。" 那时，鲍威尔作为英国首相的参谋长，以为麦吉尼斯话中所指的是1991年爱尔兰共和军袭击首相官邸的事件，于是他开始细说那次袭击事件造成的具体破坏。无疑，麦吉尼斯对鲍威尔的回答感到疑惑，他澄清道，他所说的不是指6年前爱尔兰共和军的炸弹袭击事件，他所说的是1921年，就在这个小房间里，发生在爱尔兰共和党领袖迈克尔·柯林斯和当时的首相戴维·劳合·乔治之间的一场分裂爱尔兰的谈判。

从新芬党的角度来看，麦吉尼斯前往唐宁街10号的那天，以及接下来的几年里，都离不开发生在75年前的这一事件，即新芬党最后一次被邀请去唐宁街10号进行谈判的事件。从鲍威尔的角度来看，能将双方团结在一起，共同推进脆弱但最终却成功的和平进程，其中一个重要因素就是双方都谨慎且锲而不舍地去努力消除彼此之间的鸿沟，也就是"我们的短期视角"和另一方"长期存在的历史积怨"之间的鸿沟。

我曾在谈判场上见过上述所讲的各式各样的差异：劳工领袖对过去的记忆往往比管理层记得更长更久；上一回谈判失利的一方，会将这次谈判视作"扳平分数"的机会，而另一方却会用"理性"而又前瞻性的眼光看待这次谈判；员工会记得过去每一次老板都是如何对待他们的，而老板却连前几天是否遇到过这个员工都似乎需要对方来提醒。历史往往是“先入为主”的，最开始取得胜利的人，经常会被历史定格为胜者；而最开始遭遇失败的人，就会被定格为败者。除此之外，没有别的方式。

历史是在不同时间、不同人群间开始的。那些在我们人生阅历上留下印记的日子，往往是记录了我们胜利或失败的日子。

◎不要要求人们遗忘过去

如果我们忽视了这种差异，而希望所有人都能将注意力集中在“眼前的现实”，并能面向未来展开行动，那么我们就无法理解过去的阴影是如何改变人们对自我和人生目的的认知的，并且这种影响往往是深入持久的。因此，要求人们遗忘过去并不是一个有效的策略。在1973年，一位宗教领袖就认识到了这一点。当时，他是想呼吁北爱尔兰和平的，但结果反而造成其中一条主张暴力反抗的标语甚嚣尘上。这位宗教领袖激情澎湃地向群众呼吁道，现在是时候放下过去，放下那段分裂我们的历史，而要去面向未来，展望明天。但紧接着，人群中就有人回喊道：“让未来见鬼去吧，我们要活在过去！”

更明智的策略是，我们应该帮助人们在过去和未来之间架起一座桥梁。我发现，当我鼓励对方用过去的经验来帮助化解眼前的局势，而不是与对方就历史上谁对谁错而争吵不休时，谈判能进行得相对顺利一些。如果一个人感觉他们曾受到了委屈，他所得到的“教训”也许是他们不应该相信那个做了坏事的人，或者应该报复那个做坏事的人，但这样做并不能留下多大的谈判空间。然而有时对方可以得到完全不一样的教训：要求赔偿、要求对方道歉、去赔罪、去原谅对方，或者共同努力完成目标，防止未来那些坏事再发生。所有这些方式都需要双方去谈判。即使有这样的可能性，也很难指望所有人都能忘记历史上的冲突和种种坏事。在这样的世界里，或许不会有复仇的存在，但也许我们会得到一些启示或能力，帮助我们预先制止即将发生的冲突或共同谋求持久的和平。

要求对方忘记过去是徒劳无用的，然而，我们却有可能让他们找到一种价值创造的方式去帮助他们从过去吸取教训。

◎让我们开始

不久前，在飞往印度的飞机上，我正填写一份海关申报单。上面问了大多数人都能猜到的问题，包括“你携带了以下哪些物品？”，下面列出的物品中有些是违禁品。我将申报单翻过来，想看看背面所写的违禁物品都有哪些时，我发现，除了我们能想到的一些常规违禁品（毒品、假币等），一些我并没有预料到的物品也列了上去，“印度国界外的地图和文学作品”也列在违禁物品当中。

从上面的事情我们可以看出，人与人之间仅仅多了一个障碍，我们便很难察觉到其他人看待世界的角度是有多么不同了。这就给弥合不同的意见和达成一致带来了另一个阻碍。这种策略对一个国家来说绝不是独一无二的。而这就是我想讲的重点。对待争端时人们最正常不过的反应就是恐惧：害怕内部意见分歧和分裂；害怕被别人认为是弱者；害怕自己是唯一决定以礼相待或选择相对弱势立场的人；害怕自己是被剥削的一方。这种恐惧是十分正常的，也是可以理解的，但恐惧本身并不能成为我们是否跟对手打交道，或如何跟对手交锋的决定因素。并且这样做，事情也无法向缓和或化解矛盾的方向发展。

1961年1月20日，面向全国人民，肯尼迪总统在他的就职演说中重点阐述了美国昔日的对手，并且就如何处理看似不可能的谈判局面给出了自己的建议：

> 所以，让我们重新开始——待人礼貌并不意味着软弱，而为人真诚与否经常需要用行动来验证，这一点双方都应牢记于心。让我们永不因恐惧而谈判，但也绝不惧怕谈判。

我们一次又一次地看到，单凭谨慎或单凭勇气都无法为人类之间的互动奠定坚实的基础。因为这两者缺一不可。双方协商谈判并不能在短期内保证成功，但连协商谈判都无法达成的话，只会延长并恶化冲突。而肯尼迪总统对所有这些内容都熟稔于心：

> 所有这些事情不会在第一个一百天里完成，不会在第一个

一千天里完成，也不会在这一届政府任期内完成，甚至我们在地球上穷尽一生仍然无法完成。不过，让我们开始。

当遇到人类互动产生的问题时，永远不要让恐惧支配你。

第三部分课程总结　同理心之力

· 同理心会帮助你想到更多的备选方案。

· 当你与某些人打交道，而这些人貌似最不值得拥有某些利益时，往往是最需要你运用同理心的时候。

· 留有余地。你对何时反击或何时会冲突升级的计算应考虑到伴随而来的错误和误解。

· 在策略的灵活性与维护信誉之间需要进行权衡。

· 不要将自己局限在不明智或不必要的最后通牒和恐吓威胁上。

· 不要强迫对方在明智的决策与挽回面子之间做出选择。

· 当心知识带来的偏差。

· 不要光准备你的论述，还要多考虑听众们的感受。

· 对方行为背后的所有潜在原因我们都要考虑到；不要刚开始就假定对方能力不足或来者不善。

· 要认识到所有的障碍：心理上的、组织上的、策略上的障碍。

· 要竭尽所能：锁定所有障碍，运用所有优势和筹码。

· 无视最后通牒。

· 改述最后通牒。

· 今天没有谈判余地的事情，明天或许就有了谈判余地——要为未来的这种可能性创造动机和选择余地。

· 屈服意味着“合作”而非“放弃”。要理解、采纳及影响对方的观点。

· 要弥合并调解互相对立的观点。

· 屈服于对方的谈判框架也许会增强你的优势和筹码。

· 必要的时候，不要执着于自己提出的解决策略——但要阐明对方必须满足自己的要求。

· 要多方思考。

· 要画出谈判空间。

· ICAP分析法：谈判各方的利益、约束条件、备选方案和不同角度都是什么？

· 要从静态、动态和战略意义的角度去分析及利用第三方势力。

· 要为迎接美好的未来时刻准备着，无论是从心理上、组织上还是政治上。

· 如果今天无法达成协议，就要改变自己的立场并为未来创造可供选择的价值。

· 不要过早选用制胜策略。保留你的备选方案并巩固自己的能力，从而为扭转局势做好准备。

· 将对方视作合作方，而非敌对方。

· 将重点放在创造价值上，无论冲突有多么激烈。

· “想象一个世界，在那里有些事情能够实现。现在，告诉我那个世界是怎样的情景。”

· 要理解每一方观点和行为正当化背后的根源。

· 避免在一些神圣的问题上要求对方做出让步，并以此作为参与谈判的前提条件。

· 历史总是伴随着冤屈开始。

· 不要要求人们忘记过去——要鼓励他们运用价值创造的方式去吸取过去的教训。

· 当遇到人类互动产生的问题时，永远不要让恐惧支配你。

通常我们认为不可能的事情，其实不过是一系列的工程问题——它们都不违背物理学定律。

加来道雄

第十九章
未来之路

我经常提醒我的学生，参加了谈判课并不意味着世界就能变得更美好。这门课并不能让今后与你打交道的人变得更友善、更聪明、更老于世故或更加道德高尚。我们能为你做的，就是传授给你一些谈判技巧，帮助你更好地与对方打交道，至少谈判的结果要比你没上课前好很多。这就是为什么课上所教的都是非常实用的——能增加你在谈判中取得成功的可能性，不管谈判的另一方是否接受过谈判课程。

本书也是如此。在书中，我所做出的种种假设都是你将会遇到的最糟糕的谈判情况：激进的举措、僵局、冲突升级、暗箱操作、明显的敌意、不信任，以及没有足够的金钱和武力去解决问题。我们希望当你遇到类似的极限状况，和在你生活中遇到的一些平常谈判中，书中强调的几个原则能拓展你的思路，并提供给你有用的工具，帮助你更好地化解冲突、缓和僵局并相互理解、达成共识。

在整本书中，我一直都在强调两方面的重要性：一方面，在谈判过程中，我们应该注意到谈判各方可能会有的潜在的担忧；另一方面，我们也应该去深入了解谈判各方的不同观点。我想用最后一则故事来为这本书结尾，同时也用来提醒大家有效的谈判需要我们留心上面提到的所有问题。

◎北爱尔兰宣布和平

北爱尔兰的民族矛盾与政治冲突可追溯到几百年前，而其最近的一次冲突则发生在20世纪初。自爱尔兰从英国独立出来，南爱尔兰就成立了爱尔兰自由邦，而北爱尔兰却选择留在英国，于是爱尔兰分裂成了南北两部分。这场冲突主要与政治和宗教问题有关。那些想从英国独立出来的人被称为民族主义者，这些人主要是罗马天主教徒，虽在北爱尔兰是少数，但在南爱尔兰占多数；那些想留在英国的人被称为联合主义者，他们主要是新教徒，在北爱尔兰占多数。从20世纪20年代到20世纪60年代，北爱尔兰一直与英国保持密切的联系，但在北爱尔兰议会中，那些北部的天主教民族主义者却对这种行为表示无法接受。而这些天主教民族主义者往往在北爱尔兰占少数，并且在当地遭受制度性歧视。

冲突发生在20世纪60年代中期，爱尔兰共和军（IRA）重整旗鼓，对英国开展了武装运动。而保皇派准军事组织也成立起来，对爱尔兰共和军的恐怖袭击予以反击。随着暴力冲突不断升级，1972年丧生人数高达500人，成为最血腥的一年。截至20世纪末，在这个人口不到200万的国家，近3500人丧生，并且超过100 000人在冲突中受伤。

20世纪90年代中期，北爱尔兰的和平进程才断断续续开始。随着时间的推移，人们清楚地认识到，尽管爱尔兰共和军不被允许参加和平谈判，但要想达成和平协议，就必须让新芬党参加这次的和平谈判。新芬党是所有人公认的代表爱尔兰共和军的政治组织。1998年，英国、爱尔兰共和国以及北爱尔兰的8个政党包括新芬党，共同签署了具有重要历史意义的《北爱尔兰和平协议》。协议确定在北爱尔兰建立一个冲突双方权力共享的地方自治政府，并建立了许多委员会负责协调南北爱尔兰关系以及爱尔兰与英国本土的关系。

问题仍然没有被解决，而冲突也会进一步恶化。在之后的几年里，爱尔兰共和军解除武装的进程断断续续，而联合主义者经常通过退出议会来表示对爱尔兰共和军不配合行为的抗议，结果北爱尔兰地方议会屡次中止运作。因此，英国会从北爱尔兰收回地方自治的权力，只有当情况好转的时候再将地方自治权还回去。与此同时，双方还产生暴力冲突，只不过这些冲突的暴力程度要比前几年低许多。

2003年11月，由于对上述政治困境的不满越来越大，在北爱尔兰的选举中相对温和的政党被更加极端的政党——民主联合党（DUP，领导人是伊恩·佩斯利）和新芬党（领导人是格里·亚当斯）所打败。如果温和党派都无法就解除武装和如何在实际操作中共享权力上达成一致，这两个竞争对手又有多大希望来解决这个难题呢？在1997年，当一位记者告知伊恩·佩斯利说格里·亚当斯愿意与他坐在一起共同协商的时候，伊恩·佩斯利回道："我绝不会跟格里·亚当斯坐在一起的……他能跟任何人坐在一起，甚至能跟魔鬼坐在一起。实际上，他就是跟魔鬼坐在一起。"[1]

尽管途中遇到了很多阻碍，但2007年3月，随着新一轮北爱尔兰

---

1. 罗伯特·菲什，《天堂、地狱和爱尔兰政治》，《独立报》，1997年2月13日。

地方议会选举，从前的两个敌人如今面对着面，首次达成了妥协，决定组建一个分权共享的自治政府。《卫报》（*the Guardian*）针对这个事件做出如下描述：“一方是资深的联合主义煽动者，另一方是激进的共和运动的领导人，他们之间达成的协议使之前双方互相残杀的局面终于在伦敦和都柏林这两座城市中结束。这是10年来，北爱尔兰追寻和平进程中重要的转折点。”[1]2007年5月，伊恩·佩斯利（民主联合党）和马丁·麦吉尼斯（新芬党）分别宣誓就职，前者就任首席部长，后者则是副首席部长，至此英国对北爱尔兰的直接统治也宣告结束。

经过百年的努力，两个敌对党派终于能进行一次和平会面，而当人们试图将这次会面进行报道时，没有一个调解人能保证全程不会有什么差错，比如双方会发生口角，一方试图表现得高人一筹，又或者在会面的最后一分钟一方向另一方提出要求。在佩斯利和亚当斯的例子中，值得庆幸的是，当上述提到的情况发生时，由于运用了一些小技巧，最终能够转危为安，促成了和平会面的顺利进行。乔纳森·鲍威尔在他所著的书《与恐怖分子对话》（*Talking to Terrorists*）中写道：“当北爱尔兰进程进入最后阶段，并且伊恩·佩斯利也终于同意和格里·亚当斯见面的时候，我们被一个问题给难住了：他们应该坐哪儿。佩斯利想坐在共和党代表人亚当斯的对面，这样双方看起来像是对手，而非朋友。但亚当斯却坚持要坐在佩斯利的旁边，这样他们

---

1. 欧文·鲍科特，《北爱尔兰的主要敌人宣布和平》，《卫报》，2007年3月26日。

看起来才对等，更像是同事。”[1]

显然，不仅只有越南的和平谈判才会遇到座位安排的难题，在这种情况下，你该如何说服谈判各方暂且将这些似乎琐碎的要求搁置在一旁呢？随着最后期限迫在眉睫，你该如何劝说其中一方做出和蔼的让步呢？而事情的结果却是，你往往无法做到上述的这些事情，因为当有一部分人把一些问题视作原则性问题时，他们就会变得有些固执。所以，在这些方案都被一一否决的情况下，你就需要进行创新，而创新就要从挑战你最基本的假设开始。对于如何解决这一难题，鲍威尔是这样说的：“我们最开始也被这一问题给难住了，直到有一位聪明的北爱尔兰办事处官员想出了一个点子，那就是造一个新款式的桌子，这个桌子是钻石形状的，我们可以让他们坐在钻石形状的顶点处，这样他们既是相邻而坐，同时又是相对而坐。”[2]

这，就是他们化解上述难题的方法。

◎创新性与警惕性

我过去经常对一件事感到疑惑，那就是为什么我孩子所上的小学会将木工课作为他们的必修课。我上小学的时候就从没上过这门课。当你进入了激烈又丑陋的冲突世界中时，你会发现这个世界杂乱无

---

1. 乔纳森·鲍威尔，《与恐怖分子对话：如何结束武装冲突》，伦敦：鲍利海出版社，2014，第217页。
2. 同上。

章、颠三倒四，你会庆幸自己曾经磨炼过的每一种本领，庆幸自己曾经运用过的每一个技巧，并庆幸自己曾在课上学到的每一个知识。正如我们所看到的，时刻做好准备是必不可少的，但当一些意外情况发生时，光有准备是不够的，创新在这时起着不可替代的重要作用。这没有什么好惊讶的，如果有一个能够解决所有问题的万能方法，那么世界上就不再会有问题存在。当我们擅长去利用自己身上的所有资源优势——不光是金钱和武力，还包括架构之力、流程之力和同理心之力的时候，我们想出独特的方法来解决问题的能力也会大大增强。

经验同样能帮助我们认识到时刻保持警惕的重要性。当你参与复杂的协商谈判或旷日持久的争端谈判时，有时那些起初看起来不怎么重要的问题往往之后会成为影响谈判成败的关键问题。你绝不会想到，一个貌似十分简单的问题却能使我们花费几个月或几年才推动至此的协商进程走向失控。这类你永远无法预知的问题，将会激发出你的创新力和解决问题的能力。你将会时刻做好快速思考、灵活处事的准备，并且随着现实事件的进一步发展，你也将会用到本书中探讨的一些原则。但这并不意味着你要像面临着巨大困难一样去对待每一个问题，而是要多留意那些突发状况，这些突发状况往往能引发潜在的冲突，而这些潜在冲突却尚未被人察觉到。

◎没有好手段，只有好原则

我经常扪心自问，某一个特定的策略或手段是否是好的、普遍适用的。这些问题经常由这样的句式表达出来：在一场谈判中____是否明智？而问题在于，如果真有这样好的策略或手段的话，能够普遍适用的策略或手段也是少之又少。在没有对谈判情况进行进一步了解或没有问题的进一步说明又或者没有考虑极限条件的境况下，我很难回答上述这类问题。一个人只有在充分分析的基础上，才能发挥出相应策略或手段的最大功能，这样的策略或手段才是最好的。一个策略也许在某一案例中是明智的，但在另一个稍微不同的案例中就会导致灾难性的后果。同样，一个手段也许在上次谈判中运用得不成功，却在下一次谈判中发挥了其应有的效果，因为构成谈判的要素发生了变化。此外，不仅是因为想要普及某一特定手段的精妙之处是十分困难的，更在于这样的手段数目之多，难以计数。实际上，我们有无数个谈判手段可谈，因为在谈判中我们可以做出无数个行为。

与此相对，我们更应该关注的是原则，因为原则往往数量相对较少，并且经常能够被广泛应用。这些原则贯穿于我们整本书——比如，控制谈判框架、留意积极信号、给对方留足面子、有一个流程策略、先谈判流程再谈判内容、规范流程、降低阻碍谈判进程的门槛、留在谈判桌上、同理心、留有余地、全身心投入并发挥整体的力量、画出谈判空间、谋求进一步的相互理解、创造价值等。你在任何情况下做出的行为都离不开你的主观判断，但是如果你能将这些基本的原则记在心中，你就能做出更加可靠的判断。

像这样，谈判与其他舞蹈、音乐和表演这种科学与艺术的结合体有许多相似之处。举例而言，在武术中，学生们会学到许多招数，并且也会将这些招数搭配成无数个组合进行练习，而这些无数个组合是为同样无数个情景量身定制的。但这样做的目的并不是让学生们死记在哪个特定情境中该用什么招数，因为课上所学的案例和实际遭遇攻击时的情况必定会有许多细微的差别。我们这样做的目的是要理解这门科学，并去实践相关的招数，从而更好地了解其中的原则和规律，因为即使是在你从未遇到的情况中，这些原则（包括有关拉开距离、身体动作、体脑协调和平衡性的各种原则）也能指导你如何去行动。

这一道理同样适用于谈判中。谈判时，会有许多技巧可用，并且这些技巧五花八门、各不相同。我可能会建议一个人在协商中愤然离席，直到对方降低要求；而建议另一个人始终留在谈判桌上，并争取和对方达成妥协。我可能会建议我的一个学生在和雇主就加薪问题谈判时态度一定要强硬，却建议另一位学生接受现有的待遇。我可能会告诉一位外交官或决策者要向对方发最后通牒，却告诉另一位要避开这种做法。我可能会在一场协商谈判中力推自己制定的流程，而在下一场谈判中却遵循其他人制定的流程。

在理想状态下，你会在充分考虑各种原则的基础上再去选择如何去行动。而实际上，你最好能在书中选几条你认为最实用的原则，这种实用可以体现在：那些你过去一直处理不好或还未处理好的事情；又或者是那些最适合运用到你当前所面临问题的思路和策略。当你觉得你能将这几条原则运用自如时，你可以再多加几条原则，将其熟练应用，使之变成你谈判时的有力工具。

◎人类的互动

你不需要等到谈判变得十分困难时，才开始应用书中讲的这些思路和技巧。我们每天都会参与到的谈判数不胜数，而书中讲到的原则（同理心、无视或重塑最后通牒、了解对方的约束条件、规范流程等）既适用于日常的或风险较低的谈判，也适用于那些极限谈判。

在我个人的谈判与咨询生涯中，我发现自己发挥最好的时候，往往是在我意识到无论谈判处于什么背景下或有多大的风险，所有的谈判都离不开人类之间的互动的时候。当你与人类打交道时，你就需要对人性有一个清楚的认识。如果你能将果断与同理心，自信与谦虚之间始终保持一种平衡的状态，并且学会熟练地运用它们；同时，能够发自内心真正理解对方，并对对方产生一定的影响，那么可以说你算是“本领学到家了”，剩下的就只需考虑一些细节问题了。

无论境况有多艰难，我们都需要这样做。我总是这样告诉自己的孩子：所有的问题都能被解决。这个道理在谈判中尤其明显。你可能今天无法解决这个问题，甚至在今天看来这个问题是不可能解决的，但只要你记着所有谈判问题基本上都是人类互动的问题，那么这个问题早晚会得到解决的。因此，人类有能力去解决问题。我希望本书提供的几条原则能帮助你在未来更有效地化解困境。

最后，祝愿所有读者能够拥有更加美好、更加光明的前途。

致　谢

从我作为一名凯洛格商学院（Kellogg School of Management）的研究生第一次进入他的办公室，至今已经将近20年了，如今，基思·默宁翰（Keith Murnighan ）仍然是我的良师益友。我当时让他对本书的初稿发表一下评论，他就像1998年评阅我的论文那样，把书稿从头到尾通校了一遍。我拿到书稿后，发现在不到7万字的书稿上有大大小小1500处修订！基思身上有股自然之力——不知疲倦、睿智和善、慷慨大度——有此良友三生有幸。

哈佛商学院是我15年的学术家园，是一个最给力、最启迪灵智的工作场所。我的谈判、组织和市场系的同事们就像家人一样。我要感谢马克斯·巴泽曼（Max Bazerman）、约翰·贝希尔斯（John Beshears）、阿利松·伍德·布鲁克斯（Alison Wood Brooks）、埃米·卡迪（Amy Cuddy）、本·埃德尔曼（Ben Edelman）、克里斯蒂娜·埃克斯利（Christine Exley）、弗朗西丝卡·吉诺（Francesca Gino）、杰里·格林（Jerry Green）、布里安·霍尔（Brian Hall）、莱斯利·约翰（Leslie John）、迈克·卢卡（Mike Luca）、凯瑟琳·麦金（Kathleen McGinn）、凯文·莫汉（Kevin Mohan）、马特·拉宾（Matt Rabin）、吉姆·塞巴尼斯（Jim Sebenius）、乔舒亚·施瓦斯登（Joshua Schwartzstein）、 古汉·萨勃拉曼尼亚（Guhan Subramanian）、安迪·瓦什楚克（Andy Wasynczuk）、迈克·惠勒（Mike Wheeler）。我要向《谈判天才》一书的合作作者马克斯·巴泽曼致以特别的感谢，感谢他将我引入著书立说的殿堂，感谢他在我学术生涯的方方面面不断地给予我引导。在哈佛商学院，我还要特别感谢迪恩·尼廷·诺瑞亚（Dean Nitin Nohria）院长，他始终是我学术努力（有时有点另类）热情洋溢的支持者。

科迪·史密斯（Cody Smith）和伊丽莎白·斯威尼（Elizabeth Sweeny）为书稿提供了许多有益的修改意见。我让科迪帮我改了许多稿，但是他非常贴心地告诉我他乐此不疲。（我有点怀疑。）我还要感谢沃利·博克（Wally Bock）、 托马斯·克鲁泽（Thomas Kruse）、戴维·马歇尔（David Marshall），感谢他们对我的完整的初稿给予的反馈，非常受益。

如果没有贝雷特-科勒出版社（Berrett-Koehler Publishers）优秀团队的努力工作，这本书就无法拿在您的手上。如果您想出版图书，可以找他们。我尤其要特别感谢史蒂夫·皮耶尔桑蒂（Steve Piersanti），感谢他在图书出版整个过程每个环节上给予的反馈和引导。史蒂夫对我本人和这本书的热忱，令我诚惶诚恐，感激不尽。

感谢乔纳森·鲍威尔（Jonathan Powell），我的同事和朋友。在探索武装冲突的领域，他的帮助和陪伴是最给力的。向你学习，与你共事，在最重要的领域有所建树乐趣无穷。

我也感谢我非常荣幸地能教到的成千上万的学生、管理人员和公司老板，也感谢我有幸提供培训和咨询的成百上千的公司。你们的最棘手的似乎无法解决的问题促使我产生了本书中的观点，而我跟你们分享观点时你们对我热情的鼓励使我把这些付诸文字。

最重要的，我要感谢我的家庭。我的父母钱德尔·马尔霍特拉和苏德施·马尔霍特拉（Chande & Sudesh Malhotra），我的兄弟摩奴·马尔霍特拉（Manu Malhotra），从我开始记事起，他们就是我力量和乐观的源泉。在这本书还处于故事收集和整理阶段时，我父母就率先给了我反馈意见，本书的终稿他们又是最后给我修改意见的人。我的妻子思加（Shikha），不但对我所有的努力给予反馈和鼓励，而且一手代劳创造环境让我追求事业，使我能够完成本书这样的项目。对你的努力付出和牺牲，我的感激之情难以言表。最后，我的孩子们——贾伊（Jai）、阿里亚（Aria）和艾莎（Aisha）——总是不断提醒我，让世界变成对每个人来说都更美好、更安全、更愉悦的地方是值得的……而且这样做是完全可能的。

关于作者

迪帕克·马哈拉（Deepak Malhotra）是哈佛商学院伊莱·戈登斯顿（Eli Goldston）工商管理教席教授，讲授不同学历层次的谈判课程。迪帕克获得过多项教学殊荣，包括HSB学院奖（HSB Faculty Award）和查尔斯·M.威廉姆斯奖（Charles M. Williams Award）。2014年，他又被“诗人和数量”网站（Poets&Quants）评选为“世界40名40岁以下（40 under 40）商学院杰出教授”。

迪帕克的处女作（与马克斯·巴泽曼合著）《谈判天才》，被国际冲突预防与解决研究所评选为“优秀图书奖”。他的第二部作品《我动了你的奶酪》，是《华尔街时报》的畅销书，并且销售了20多种语言的翻译版权。迪帕克有关谈判和冲突解决的研究频频见诸管理学、心理学、冲突解决和对外政策等领域的高端学术期刊。

迪帕克的学术专业活动包括为全球公司提供谈判、培训和咨询服务。他在政策方面的咨询侧重于帮助政府谈判斡旋终止武装冲突。迪帕克还在牛津大学布拉瓦尼克政府学院（Blavatnik School of Government）担任客座教授，讲授谈判课程。

访问迪帕克的推特：@Prof_Malhotra

获得更多信息登陆网站：www.DeeparkMalhotra.com

图书网站：www.NegotiatingTheImpossible.com

手机扫描二维码
直接加入博集书友会微信

关注看赏：好故事，新见识

博集天卷
CS-BOOKY

上架建议：管理·商务沟通

ISBN 978-7-5404-8060-8
9 787540 480608 >

定价：38.00 元